Rike Wolf

111 Orte in Hamburg, die uns Geschichte erzählen

111

emons:

Für Heiko Donsbach

Bibliografische Information der Deutschen Nationalbibliothek
Die Deutsche Nationalbibliothek verzeichnet diese Publikation in der Deutschen Nationalbibliografie; detaillierte bibliografische Daten sind im Internet über http://dnb.d-nb.de abrufbar.

Gestaltung: Eva Kraskes, nach einem Konzept von Lübbeke | Naumann | Thoben
Kartografie: altancicek.design, www.altancicek.de
Kartenbasisinformationen aus Openstreetmap,
© OpenStreetMap-Mitwirkende, ODbL
Druck und Bindung: Grafisches Centrum Cuno, Calbe
Printed in Germany 2014
ISBN 978-3-95451-418-2
Originalausgabe

Vorwort

Stadtgeschichte entsteht aus Lebensgeschichten

Karl der Große kam als Kaiser und »Pater Europae« (Vater Europas) nach Hamburg, eine Legende schon zu Lebzeiten. An seinen kaiserlichen Missionar, Bischof St. Ansgar, erinnern Statuen auf den Brücken unserer Stadt. Nach den großen Hamburger Bürgermeistern des Mittelalters, ihres Zeichens Kaufleute und Seefahrer, sind Straßen benannt.

Doch zur Geschichte einer Handelsstadt wie Hamburg gehören nicht nur die Reichen und Mächtigen. Dieses Buch folgt auch den Lebensspuren der Arbeiter, die im Hafen geschuftet und in den Gängevierteln und Vororten der Stadt in ärmsten Verhältnissen gelebt haben. Ohne ihre Arbeitskraft hätte die Freie und Hansestadt niemals ihre Prosperität entfalten können. Die meisten Quartiere der Hafenarbeiter – wie auch die Fischkistendörfer der Arbeitslosen – wurden entweder im Zweiten Weltkrieg zerstört oder später abgerissen. Viele Arbeiter haben in den Jahren des Faschismus mutigen Widerstand geleistet und damit anderen Menschen das Leben gerettet. Ihre Namen kennen wir heute nicht mehr.

Hamburgs Geschichte handelt ebenso von großen Sozialreformern. Caspar Voght und die Hamburger Patriotische Gesellschaft richteten eine Armenanstalt in der Stadt ein. Anwalt Eduard Hallier lernte auf einer Reise in die Vereinigten Staaten die amerikanischen Public Libraries kennen und eröffnete in Hamburg die erste Bücherhalle. Lehrer Johann Hinrich Wichern setzte sich als 25-Jähriger für in Armut lebende Kinder ein und schuf ihnen in seinem »Rauhen Haus« eine Umgebung, in der sie gesund und behütet aufwachsen und lernen konnten.

Manche historische Orte in Hamburg wären längst abgerissen worden, hätten sich die Autonomen der 1980er Jahre nicht als die eigentlich Wertkonservativen der Stadt erwiesen und mit Witz und Verstand für ihren Erhalt gekämpft.

111 Orte

1 Der Alsterpavillon

Flat Foot Floogie

Sie verehrten glühend Großbritanniens Außenminister Anthony Eden und hatten für Hitlers fanatisches Krakeelen nur kalte Verachtung übrig. Die Swings trugen Glencheckanzüge, gaben sich dandyhaft, anglisierten ihre Vornamen und demonstrierten Lebensfreude und Weltoffenheit. Eine eigene Sprache gehörte dazu. »Hotten« (der »Aktivmodus«) stand für Tanzen und war von »Hot Musik«, sprich Jazz, abgeleitet. »Lottern«, relaxtes Stand-by, war dem Wort Lotter (Faulenzer) entlehnt und bezeichnete, was heute Abhängen oder Chillen ist und auf Dauer zum »Lotterleben« führt.

Von den Nazis als »Niggerjazz«, »Feindesmusik« und »entartet« diffamiert, begeisterte Jazz die Swingjugend der Hansestadt. In Tanzlokalen von den Großen Bleichen bis ins Gängeviertel wurde zu Teddy Stauffer, Nat Gonella und Fats Waller abgehottet. Dem Rundfunk allerdings hatte Reichssendeleiter Eugen Hadamovsky 1935 striktes Sendeverbot erteilt. Wer im September 1939 in Hamburg Louis Armstrong hörte, konnte in der Grünen Minna abgeholt und von der Gestapo in der Stadthausbrücke peinigend verhört werden. Swinghören galt als »anglophiles Verhalten« und »Kollaboration mit dem Feind« und war eine gängige Begründung für Schutzhaftbefehle.

Legendäre Tanzclubs der norddeutschen Swingjugend wie Café Heinze (Millerntor), Trocadero (heute Hanseviertel), Café König (Bahnhof Barmbek), der Trichter (Reeperbahn) – an den heute noch der Straßenname erinnert – und der Alsterpavillon wurden im Sommer 1943 sämtlich unter Bomben begraben.

Nur der letztgenannte Club, der von den Nazis als »Judenaquarium« verhöhnte Alsterpavillon, wurde nach seiner Zerstörung 1943 auf seinem historischen Sockelgeschoss wiederaufgebaut und kann insofern als das letzte der großen Hamburger Jazzcafés betrachtet werden – auch wenn dort heute nicht mehr zu Swingmusik gehottet wird.

Adresse Jungfernstieg 54, 20354 Hamburg-Neustadt | ÖPNV U1, U2, U4, S1, S2, S3, Haltestelle Jungfernstieg | Tipp Im Hamburger Rathaus, Rathausmarkt 1, werden stündlich Führungen durch einen Teil der insgesamt 647 Räume angeboten, Höhepunkte sind natürlich der Festsaal, der Plenarsaal und das Waisenzimmer.

2 Die alte Fischauktionshalle

Altonas Meisterstreich gegen Hamburg

Der Hamburger Fischmarkt findet keineswegs deshalb am Sonntag statt, damit Clubgänger und Hamburgtouristen noch irgendwo hinkönnen, wenn morgens die letzte Bar zumacht. Sondern weil den Altonaer Fischern früher, als es noch keine Kühlschränke gab, vom Samstag bis zum Montag der Fang verdarb und sie bei den Stadtvätern eine Regelung forderten, die ihnen erlaubte, auch sonntags ihre Ware zu verkaufen. 1703 verlieh ihnen die »Magistratusverordnung wegen der Fischer« das Recht zum sonntäglichen Handel, und bereits damals wurde festgelegt, dass der Markt früh zu beginnen und pünktlich zu enden habe, sodass die Fischerfamilien hinterher noch rechtzeitig zum Gottesdienst kamen.

1713, nach dem Dänisch-Schwedischen Krieg, als Altona weitgehend von den Schweden abgebrannt worden war, ließ Präsident Detlev Christian von Reventlow den Fischmarkt im Zuge des Wiederaufbaus vergrößern und verlegte auch den Obst- und Gemüsehandel an den Hafen. Die günstige Lage lockte die Bauern aus dem Alten Land nach Altona.

Altona gehörte damals noch zu Dänemark, und zwischen dem kleinen Fischerdorf und der Freien und Hansestadt herrschte ein erbitterter Konkurrenzkampf. Der Stuhlmannbrunnen auf dem Platz der Republik zeigt, wie Hamburg und Altona damals im Clinch um den Fisch lagen. 1870 zog Hamburgs Fischmarkt an die damalige Stadtgrenze nach St. Pauli um und rückte den Rivalen auf die Pelle. Kurzerhand stellten Altonaer Kaufleute das Geld zur Verfügung, den eigenen Fischmarkt durch Ankauf weiterer Grundstücke zu vergrößern. Mit großem Erfolg, denn nach der ersten Fischauktion im Jahr 1887 sollten nur zwei Jahre vergehen, bis die Hamburger Konkurrenz geschlagen und Altonas Aufstieg zum bedeutendsten Fischereihafen des Kaiserreichs erreicht war.

Als die ursprünglich aus Holz gebaute Halle vergrößert werden musste, wurde sie 1896 durch die jetzige alte Fischauktionshalle ersetzt.

Adresse Große Elbstraße 9, 22767 Hamburg-Altona-Altstadt | ÖPNV Bus 112, Haltestelle Fischmarkt | Tipp Im Sommer gibt es ab 5 Uhr morgens (im Winter ab 6 Uhr) bis 12 Uhr mittags Livemusik und Tanz in der Fischauktionshalle.

3 Die Alte Harburger Elbbrücke

Reclaim the brigde

Etwas hat die Alte Süderelbebrücke, wie sie auch genannt wird, mit dem Alten Elbtunnel gemein: Beide sind heute ausschließlich Fahrrädern und Fußgängern vorbehalten, und das macht den Spaziergang über die Elbe, beziehungsweise unterm Strom hindurch, in beiden Fällen zu etwas Besonderem. Vier Süderelbbrücken verbinden Hamburg und Harburg: die Eisenbahnbrücke, die Europabrücke, die Brücke des 17. Juni und die Alte Harburger Elbbrücke.

Bevor es zwischen Hamburg und Harburg Brückenverbindungen gab, konnte die Süderelbe nur auf Fähren überquert werden. Das galt natürlich nur für die eisfreie Zeit. War die Elbe zugefroren, kamen auch die Fähren nicht mehr durch. Dann konnte, wenn das Eis trug, der Fluss höchstens noch zu Fuß überquert werden. Ganz unriskant war das nicht, denn auf Höhe der Alten Harburger Brücke beträgt die Strecke gut 470 Meter.

Schon seit 1872 führte eine Eisenbahnbrücke über die Süderelbe, doch bis zum zweiten Brückenschlag sollte noch ein Vierteljahrhundert verstreichen. Die Bauarbeiten für die Alte Harburger Brücke begannen erst 1897. Am Sonnabend, den 30. September 1899 wurde die fertige Brücke feierlich von Kaiser Wilhelm II. eröffnet und für den Fuhrwerkverkehr freigegeben. Das stattliche Bauwerk mit vier imposanten Doppelbögen aus Eisenfachwerk auf massigen Sandsteinfundamenten brachte Harburgs wirtschaftliches Selbstbewusstsein zum Ausdruck. Die großen Sandsteinportale zeigen diesseitig das Harburger Wappen, jenseitig das Wilhelmsburger Wappen. Der durch die neue Brücke erleichterte Warenverkehr für Fuhrwerke spielte auch eine wichtige Rolle in puncto Handelskonkurrenz zur Nachbarstadt Hamburg. Heute ist die Alte Harburger Brücke, die die Bombardierungen im Zweiten Weltkrieg glücklicherweise heil überstanden hat, die letzte ihrer Art in der Stadt.

Adresse Alte Harburger Elbbrücke, 21107 Hamburg-Wilhelmsburg | ÖPNV Busse 152 und 154, Haltestelle König-Georg-Deich | Tipp Die nahe gelegene Badestelle Finkenriek ist ein Naturerlebnis.

4 Das Althamburger Bürgerhaus

Act local, think global …

Über 300 Jahre alt ist das Hamburger Kaufmannshaus in der Deichstraße. Bis heute unverändert erhalten geblieben, vermittelt das 1686 gebaute Gebäude einen anschaulichen Eindruck vom längst versunkenen Alltag der Kaufleute im alten Hamburg. Die Menschen führten ihr Leben damals buchstäblich zwischen Hafen und Stadt, Seite an Seite mit der Nachbarschaft – in der sie von jedem Namen, Familie, Kinder, Glück und Sorgen kannten – und der weiten Welt, von deren entlegenen Ländern und fremden Völkern die Seeleute sagenhafte, wunderliche Geschichten heimbrachten. Im Hafen ankerten imposante Segelschiffe.

Die Eingangstür des Bürgerhauses liegt zur Deichstraße und ließ Straßenleben und Stadtgespräche, den neuesten Klatsch und Tratsch ins Haus. Zur anderen Seite öffnet sich das Kaufmannshaus der Welt des Warenhandels. Hinten reicht der tiefe Bau bis zum Fleet, über den auf flachen, breiten Schuten alles an Gütern zu den Kaufleuten gebracht wurde, was auf den herrlichen großen Frachtseglern der alten Zeit nach oft monatelanger Seefahrt und Gefahren auf Leben und Tod heil den Hafen der Freien und Hansestadt erreicht hatte.

Die Waren wurden direkt vom Fleet ins Haus verladen und im Speicher unter dem eigenen Dach gelagert. Der Mittelpunkt des kaufmännischen und familiären Lebens im Haus war die Diele. Hier wurde die Ware gemustert und sortiert, entweder im Speicher gelagert oder auf Fuhrwerken und Karren weitertransportiert. Repräsentiert wurde ebenfalls in der Diele, hier gaben die Kaufleute Empfänge und Feste.

Zu Beginn des 19. Jahrhunderts standen in Hamburg noch etwa 2.000 Althamburger Kaufmannshäuser, namentlich im Katharinenviertel, Grimm und Cremon. Beim Hamburger Brand, der in Deichstraße Nummer 44 ausbrach, wurden die meisten von ihnen zerstört.

Adresse Deichstraße 37, 20459 Hamburg-Altstadt | **Öffnungszeiten** Mo–So 11–22 Uhr | **ÖPNV** U 3, Haltestelle Baumwall | **Tipp** Stilechte Qualität findet man im Kolonialwarenladen Großhaus Heino, Deichstraße 45.

5 Der Altonaer Bahnwasserturm

Aus der Zeit der Dampfloks

Am 26. Oktober 1977 ging in Deutschland die Ära der Dampflokomotive zu Ende. Weil der Bundesbahn die schönen alten Loks fortschrittsfeindlich erschienen, erging von der technischen Aufsicht das Dampflokverbot. Der Wasserturm zwischen den Gleisen am Altonaer Bahnhof war noch 1955 gebaut worden, um hier ankommende Dampfloks mit Wasser zu versorgen.

Es waren viele Betriebsarbeiter nötig, um die Lokomotiven zu warten. Beim sogenannten Ausschlacken in der Schlackegrube wurden aus dem Kessel Verbrennungsrückstände (Asche und Schlacke) entfernt, abgelöscht und zwischengelagert. Das war eine schmutzige, schwere Arbeit. Danach ging es weiter zum Wasserkran, der die Maschine auffüllte. Zuerst wurde der Dampf abgelassen. Wenn der Kessel abgekühlt war, konnte auch das restliche Wasser abgelassen werden, bevor der Kessel gereinigt wurde. Hinterher wurde er mit frischem Wasser gefüllt und wieder angeheizt.

500 Kubikmeter Wasser fasst der Altonaer Bahnwasserturm. Ein Kubikmeter Wasser reichte für etwa zehn Kilometer Fahrtstrecke. Von Altona bis Westerland sind es 233 Kilometer, macht 23,5 Kubikmeter Wasser, 34 Kubikmeter haben die Tender der Loks gefasst. War der Zug schwer beladen oder musste er oft halten und wieder anfahren, reichte eine Tenderladung nicht aus. In diesem Fall wurde auf der Strecke Altona–Westerland in Husum nachgetankt.

Nach der Dampflokzeit wurde das Wasser aus dem Turm für die Zugreinigung genutzt, außerdem wurden die Wassertanks der Reisezüge damit aufgefüllt, und schließlich fand sich ein besonderer Verwendungszweck: Einen Teil des Wassers verkaufte man an die Holsten Brauerei. Das edle Brunnenwasser aus einem 200 Meter tiefen Brunnen am Rangierbahnhof Langenfelde war wunderbar weich und bestens zur Bierherstellung geeignet.

Adresse Bahnhof Altona, 22765 Hamburg-Altona-Nord | ÖPNV S1, S2, S3, S21, S31, Haltestelle Altona | Tipp Die Museumseisenbahn »Karoline« der Arbeitsgemeinschaft Geesthachter Eisenbahn e. V. fährt sechsmal im Jahr (Fahrplan unter http://www.geesthachter-eisenbahn.de). Jeden Samstag von 11 bis 16 Uhr kann man beim Warten der alten Loks zusehen (Tel. 04152/77809).

6 Der Altonaer Meridian

Aus Schumachers Sternwarte

Die Hamburger Sternwarte seines Freundes Johann Georg Repsold hatte Heinrich Christian Schumacher bereits oft für eigene astronomische Forschungen nutzen dürfen, bevor er 1821 beschloss, ein Haus in der Palmaille zu kaufen, um auf seinem eigenen Grundstück eine Sternwarte für Altona einzurichten. Als studierter Jurist hatte er während seiner Lehrtätigkeit den Leiter der Sternwarte von Tartu (Estland) kennengelernt, der sein Interesse an Mathematik und Astronomie weckte. Im Zuge der Fortsetzung seiner Studien als Stipendiat des Königs von Dänemark wurde bald darauf Carl Friedrich Gauß an der Göttinger Universität sein Lehrer. Unter Gauß' wissenschaftlichem Einfluss begann Schumachers Forschungsarbeit auf dem Gebiet der Geodäsie (Ausmessung der Erdoberfläche), die für Altona bedeutsam werden sollte.

König Christian VIII. von Dänemark erteilte dem deutschen Astronomen das Privileg, im damals noch dänischen Altona zeitlebens forschen zu dürfen, womit in der Palmaille eine höchst produktive Forschungsarbeit einsetzte. Auf Anregung eines dänischen Ministers begann Schumacher 1823, die heute noch erscheinenden »Astronomischen Nachrichten« herauszugeben. Bereits in den 1840er Jahren beschäftigte ihn das Problem einer fiktiven mittleren Uhrzeit – über ein halbes Jahrhundert vor Einführung der Mitteleuropäischen Zeit. Gemeinsam mit seinen Mitarbeitern vermaß Schumacher die Strecke der Mitte des 19. Jahrhunderts eröffneten Eisenbahnlinie zwischen Altona und Kiel und trug nach dem Großen Brand von 1842 mit trigonometrischen Messungen zu einer Neuerfassung des verwüsteten Stadtgebietes bei.

Am S-Bahnhof Königstraße erinnert eine in den Boden eingelassene Bronzeschiene daran, wo der Altonaer Meridian verlief, der im 19. Jahrhundert Heinrich Christian Schumacher als Orientierung für seine Vermessung der Landflächen Dänemarks und Norddeutschlands diente.

Adresse S-Bahnhof Königstraße, 22767 Hamburg-Altona-Altstadt | ÖPNV S1, S2, S3, Haltestelle Königstraße | Tipp In der Königstraße liegt der Jüdische Friedhof von Altona, der älteste jüdische Friedhof im heutigen Hamburg.

7_Antje

Forever 27

Mit 750 Kilogramm Körpergewicht hatte sie alles andere als eine Modelfigur, aber sie stand nackt vor der Kamera. Sie war kahl, trug grundsätzlich kein Make-up, und ihre Oberlippe war ziemlich stark behaart. Sie war das Gesicht des NDR, und Hamburg wird sie nie vergessen.

Geboren am 25. Mai 1976, wurde Antje von keinem Geringeren als Tierparkdirektor Carl Hagenbeck aus dem Nordpolarmeer nach Hamburg berufen. Ihre Fernsehkarriere begann 1978, als die Zweijährige zum ersten Mal vor laufender Kamera schwamm. Der NDR nahm die Aufnahmen als Pausenfüller ins Programm, und Antje wurde zum Publikumsliebling. Der Auftritt der Diva war kurz, aber stilecht: majestätisches Auftauchen am Beckenrand ihres Pools in Hagenbecks Tierpark, ein langer Blick in die Kamera und zum Abschluss ihr wohlig-entspanntes Schnaufen. 1984 wurde Walross Antje das neue Icon des NDR, prangte auf Bechern, T-Shirts, Kugelschreibern und Aufklebern und brachte dem Sender als Queen of Merchandising eine schöne Stange Geld. Für 23 Jahre blieb sie NDR-Maskottchen, erst 2001 entschied der Sender, ein Walross sei für das Image aktueller Informationsübertragung etwas zu unmodern.

Aber Antjes Karriere ging weiter: Sie wurde von Janosch entdeckt. Mit blauer Haut, Stupsnase und Milchzähnchen statt ihrer wuchtigen Säbel sieht sie sich in Janoschs Serie »Antje & Friends« zwar kaum noch ähnlich, aber das Kinderpublikum liebt sie heiß und innig. Den Start der Serie hat Antje nicht mehr erlebt. Im hohen Alter von 27 Jahren begann ihr allmählich der Bart auszufallen, zum sportlichen Aufstützen am Beckenrand reichte ihre Kraft nicht mehr. Ihr Pfleger fand die alte Dame am 17. Juli 2003 entschlafen im Gehege. Auf die Nachricht von Antjes Tod hin setzte Hagenbecks Tierpark die Zooflaggen auf halbmast. Für das Zoologische Museum wurde sie über ein Jahr lang präpariert und hat einen Ehrenplatz am Museumseingang bekommen.

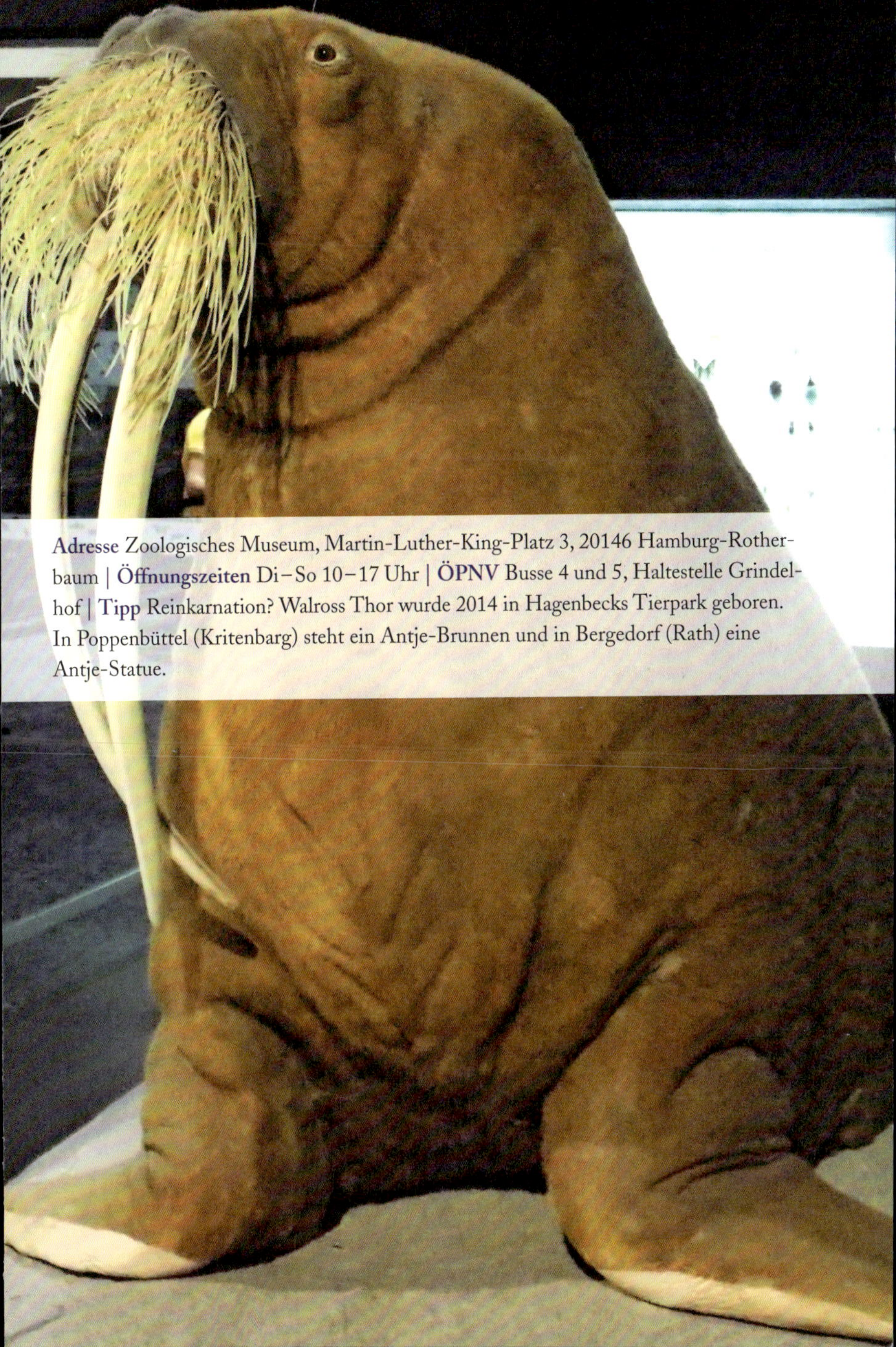

Adresse Zoologisches Museum, Martin-Luther-King-Platz 3, 20146 Hamburg-Rotherbaum | **Öffnungszeiten** Di–So 10–17 Uhr | **ÖPNV** Busse 4 und 5, Haltestelle Grindelhof | **Tipp** Reinkarnation? Walross Thor wurde 2014 in Hagenbecks Tierpark geboren. In Poppenbüttel (Kritenbarg) steht ein Antje-Brunnen und in Bergedorf (Rath) eine Antje-Statue.

8 Das Appelschnut-Haus

»Schließlich kamte ich wieder nach Hause«

In den Elbvororten war sie die großbürgerliche Prinzessin der Herzen. Ihr Vater, Otto Ernst, setzte seiner kleinen Tochter Senta-Regina ein zärtliches literarisches Denkmal. Von Wilhelm M. Busch kongenial illustriert, mauserte sich Ernsts 1907 erschienener Kindheitsroman für Erwachsene zum Hamburger Klassiker.

»Eigentlich heißt mein dreijähriges Töchterchen Roswitha; aber ich sage immer ›Appelschnut‹. Man darf diesen Namen nicht ins Hochdeutsche übersetzen; ›Apfelschnauze‹ klingt roh, klingt gräßlich. ›Schnauzerl‹, ›Schnäuzchen‹ käme der Sache schon näher, deckt sie aber nur zum Teil. ›Schnut‹ umfaßt nämlich nicht nur Mund und Nase, sondern so ein ganzes kleines Gesichtchen, das man noch ganz und gar in eine Hand nehmen kann. Ja, zuweilen umfaßt es einen ganzen fünfundzwanzigpfündigen Menschen; wenn er eine geniale Bemerkung macht, sagt man: ›Du Klooksnut‹, wenn er im Feuerungsverschlag gespielt und Steinkohlen gegessen hat: ›Du Swattsnut‹. Und da nun Roswitha nicht nur zwei rote Wangen hat, sondern alles in allem genommen ausschaut wie ein rundes, blankes rot und goldenes, zum Einbeißen herausforderndes Früchtlein, so hab' ich in einer begnadeten Stunde den Namen ›Appelschnut‹ gefunden. ›Appelschnut‹ ist unübersetzbar.«

Mit der Übersetzung »Apfelmund« wäre Ernst vielleicht einverstanden gewesen. Seine Tochter Senta-Regina Möller-Ernst, die nach Hamburg zum Bonbonskaufen wollte und ›sich vergangte‹, aber schließlich wieder ›nach Hause kamte‹, wurde am 19. März 1897 geboren und ist über hundert Jahre alt geworden. Sie starb am 30. Oktober 1998 in Hamburg. Ihr Leben lang wohnte Appelschnut in der 1888 erbauten schiefergedeckten Villa in der Otto-Ernst-Straße, die ein lauschiger Gartenmit Rhododendren und alten Obstbäumen umgibt. Das über 300 Quadratmeter große Backsteinhaus mit Billardzimmer, Bibliothek, Empfangsraum und Salon hatte der Hamburger Dichter 1903 für seine Familie gekauft.

Adresse Otto-Ernst-Straße 14, 22605 Hamburg-Othmarschen | ÖPNV S 1, Haltestelle Klein Flottbek | Tipp In der Waitzstraße 29a werden Süßigkeiten verkauft, für die Appelschnut sich vergangt hätte.

9 Das Arbeitszimmer von Otto Ernst

»Sagt Mutter, 's ist Uwe«

Fontanes »John Maynard« und »Nis Randers« von Otto Ernst gehören zu den kraftvollsten Seefahrtsballaden der deutschen Sprache. Konspirativ verfasst Otto Ernst seine Verse für norddeutschen Zungenschlag, sodass bei ihm »Nacht« und »Jagd« einen Reim bilden: »Krachen und Heulen und berstende Nacht / Dunkel und Flammen in rasender Jagd – / Ein Schrei durch die Brandung!«, beginnt seine Ballade vom Schiffswrack, das im Unwetter an den Strand getrieben wird. In der »Zeitschrift für den deutschen Unterricht« wurde sie 1904 veröffentlicht und bald in die Schulbücher aufgenommen. Generationen von Schülern haben »Nis Randers« seit damals auswendig gelernt. Achim Reichel vertonte die Verse für sein Album Regenballade. Die Band Engerling arbeitete sie in ihre Version von »Riders on the Storm« auf dem Album »Engerling Live« ein. Klaus Modick inspirierte das Nis-Randers-Motiv zu seinem Roman »Der Mann im Mast«. 1990 stellte die Deutsche Gesellschaft zur Rettung Schiffbrüchiger den Seenotrettungskreuzer Nis Randers in Dienst.

Otto Ernst (der eigentlich Otto Ernst Schmidt hieß) wurde 1862 in Ottensen als Sohn einer Zigarrendreherfamilie geboren. Seine Jugend erlebte er mitten in der bildungshungrigen Arbeiterbewegung. Er selbst beschrieb sich als »hoffnungslos unmodern … weil ich zu Gutem und Bösem nicht schweige und stillhalte, sondern kämpfe, weil ich entgegen der Mode und trotz eigener schwerer, ja widerwärtiger Erfahrungen Optimist bin, weil ich nach einer gesunden, schlichten Kunst strebe«. 1891 gründete Ernst die Hamburger »Literarische Gesellschaft« und gab 1893 die Zeitschrift »Der Zuschauer« heraus. Ernsts bekanntestes Theaterstück, »Flachsmann als Erzieher« (1900), fordert fortschrittliche Erziehungsmethoden und war in Hamburg ein großer Erfolg.

Adresse Christianeum, Otto-Ernst-Straße 34, 22605 Hamburg-Othmarschen | Öffnungszeiten Anmeldung zur Besichtigung unter Tel. 040/42888280 | ÖPNV S1 und S11, Haltestelle Klein Flottbek | Tipp Ein Besuch im Kultcafé Knips in der Jürgensallee 51, direkt am Klein Flottbeker Bahnhof, muss noch drin sein (22609 Hamburg, geöffnet Mo–Fr ab 16.30, Sa ab 16 Uhr, So ab 10 Uhr).

10 Der Bergedorfer Gesundbrunnen

Hamburgs Lourdes

Lange hatte sich kein Wunder mehr in Bergedorf ereignet, seit 1556 angeblich ein Kalb mit zwei Köpfen und sechs Beinen geboren worden war. Umso größer war die Begeisterung, als 1703 am Hang eine Quelle entdeckt wurde, die heilsame Kräfte besaß. Der Magistrat zögerte nicht lange, sondern beeilte sich, eine Touristenattraktion aus dem wundertätigen Quellwasser zu machen. Heute würde man sagen, er habe einen sicheren Riecher fürs Geschäftliche besessen. Sein Erfolg konnte sich sehen lassen.

Zunächst wurde die Quelle in Stein gefasst und das Areal um den Brunnen zu einem kleinen Park gestaltet. In Erwartung kommender Touristen wurden Zelte aufgestellt. Und sie kamen. Nicht in Dutzenden, sondern gleich zu Hunderten strömten Kranke und Wunderbedürftige nach Bergedorf, die meisten aus Hamburg. Wie ein Lauffeuer hatte sich die Nachricht verbreitet, das Wasser des Bergedorfer Gesundbrunnens erlöse praktisch von allen Leiden, vor allem von Magensäure und Darmbrand. Es muss auch eine erkleckliche Anzahl Geheilter gegeben haben, zumindest müssen diejenigen Wassertrinker, die sich als genesen ausgaben, glaubwürdig gewirkt haben. Aus Hunderten wurden Tausende, und bald gab es infrastrukturelle Probleme. Diejenigen, die nach stundenlangem Warten endlich an der Reihe waren, wollten nicht mehr vom Brunnen weg und tranken und füllten ab, was sie konnten. Nicht weniger als 76 Zelte standen um den Brunnen und bildeten eine Stadt in der Stadt, ohne dass alle darin Platz fanden. Camping war alles, was ihnen übrig blieb.

Nach ein paar Jahren war der Trubel vorüber. Ein Kreuz samt eisernem Halseisen mit der Inschrift »Preiset den Herrn, bedenket die Armen, schädigt den Brunnen nicht noch die Bäume darneben, oder euch soll sonder Gnade diese Strafe werden« stand früher daneben.

Adresse Holtenklinker Straße 65/67, 21029 Hamburg-Bergedorf | **ÖPNV** Busse 225 und 228, Haltestelle Unterm Heilbrunnen | **Tipp** Der Alte Bergedorfer Friedhof hinter der Holtenklinker Straße ist schön zum Spazierengehen.

11 Bergstedt

Walddorf im Wohlstand

Wie alle Walddörfer lag Bergstedt ursprünglich vor den Stadtgrenzen Hamburgs. Als sächsisches Rundlingsdorf wird es erstmals im Jahre 1248 urkundlich unter dem damaligen Namen »Berichstede« erwähnt. Das Wort »Walddorf« verdeutlicht den Unterschied zu »Rühmerdörfern«, die auf gerodeten Flächen im Raum (platt: Ruhm) standen. Bis heute lässt sich im Ortskern noch deutlich erkennen, dass die Gebäude früher rund um einen zentralen Platz errichtet wurden, aber das ist nur eine Seite der Geschichte. Heute zählt Bergstedt zu den am schnellsten wachsenden Stadtteilen, die Einwohnerzahl hat sich seit dem Anschluss an Hamburg 1937/38 nahezu verzehnfacht, auf einer Fläche von gut sieben Quadratkilometern leben rund 9.000 Einwohner.

Historische Besonderheiten finden sich rund um die alte Backsteinkirche aus dem 13. Jahrhundert. Sehenswert ist an der Nordseite zwischen anderen alten Grabmälern die Steinplatte für John Miles Sloman. 1920 hatte Bankier Henry Sloman die Umbettung seines Großvaters vom Petrikirchhof nach Bergstedt veranlasst. Im Inneren des Gotteshauses sind ein Kruzifix aus dem 15. Jahrhundert und ein barocker Taufengel von 1768 zu sehen.

Oft kommen Naturfreunde nach einer Tour zu Fuß oder auf dem Rad durch die Naturschutzgebiete Hainesch Iland und das Rodenbeker Quellental zu Kaffee und Kuchen nach Bergstedt. In einigen der alten Gebäude sind Künstler-Cafés eingerichtet worden, manchmal finden Ausstellungen zeitgenössischer Maler statt. Man kann in aller Ruhe spazieren gehen und sich im denkmalgeschützten Ortskern die reetgedeckten Häuser an den alten, kopfsteingepflasterten Straßen ansehen. Der Feuerlöschteich und das alte Spritzenhaus mit Turm, in dem die Hanfschläuche der Feuerwehr zum Trocknen ausgehängt wurden, erinnern noch ans traditionelle Landleben. Für Kinder ist es herrlich, denn viele Grundstücke grenzen an Weiden, auf denen Ponys grasen.

Adresse 22395 Hamburg-Bergstedt | **ÖPNV** Busse 174, 474 und 574, Haltestelle Bergstedter Markt | **Tipp** Kultstatus besitzt das Kaufhaus Hillmer, gelegen am Volksdorfer Damm 268. Es wurde 1929 von Anna Hillmer gegründet und wird heute in dritter Generation von der Familie geführt.

12 Das bok im Schulterblatt

Hier war das Pickenpack

Hamburgs Luden konnten auch anders. Damals, als ihre Mädchen noch nicht aus ehemaligen Ostblockländern kamen, sondern auch schon mal aus den Elbvororten wie Blankenese. Man lernte sich im Pickenpack kennen, der wilden Kneipe im Schanzenviertel: blonde Schönheit mit langen Beinen auf der Suche nach Abenteuer, wilder Kerl mit heißem Blick auf der Suche nach blonder Schönheit. Und dass schnell die ganz große Liebe draus wurde, hatten die Jungs im Griff. Der nachmittägliche Besuch in der Elbchaussee, mit Blumenstrauß für die Frau Mama, galt Kaufmannsgattinnen als Zeichen erstklassiger Kinderstube. Wenn dann Hanseatentochter und Kiezheini mit elterlichem Segen ein Paar geworden waren, kam irgendwann der Tag, an dem er ihr von seinen Freunden erzählte. Von seinen einsamen Freunden. Die zu Besuch in Hamburg waren und sich nach weiblicher Schönheit sehnten. Ganz harmlos. Nur ein bisschen beim Schampus zusammensitzen. Mehr würde nicht draus. Und wenn – da sei doch nichts dabei. Und es wurde mehr draus. Und den Rest braucht man nicht zu erzählen.

Das Nachspiel hat der Wirt nicht mehr mitgekriegt. Aber geahnt hat er es natürlich. Weil er seine Stammkundschaft kannte, war der Fall für ihn nach dem ersten Kaffee der Hanseatentochter mit ihrem neuen Verehrer nicht mehr von Bedeutung. Er hatte andere Sorgen. Die Hells Angels kontrollierten seinen Laden und erpressten Schutzgeld.

Einer der Höllenengel, zwei Meter groß und furchteinflößend tätowiert, kam 1983 ins Pickenpack und verlangte von einer Dame, ihm die Stiefel zu lecken. Seine Kollegen schnappten sich Essen von den Tellern der Gäste und warfen damit herum. Die ekelige Suddelei endete erst, als einer der Hells Angels die Spannung auf den Höhepunkt trieb und den Tresen vollkotzte. Der Pickenpack-Chef äußerte dazu nur: »Die rustikalen Auftritte führen bei den Gästen zu einer gewissen Appetitlosigkeit.«

Adresse Schulterblatt 3, 20357 Hamburg-Sternschanze | Öffnungszeiten täglich 12–23.30 Uhr | ÖPNV Busse 3 und 602, Haltestelle Neuer Pferdemarkt | Tipp Auf der Wiese am Neuen Pferdemarkt vermuten Expertinnen das Kraftzentrum der Stadt.

13 Das Brahms-Kontor

Wappen und Wehmut

An der Decke schmücken farbenfrohe Wappen die Arkaden des Brahms-Kontors. Einstige Provinzen des Deutschen Reiches, nach Ende des Ersten Weltkriegs im Vertrag von Versailles auf die Verlustrechnung gesetzt. Wer waren die Bauherren, die wehmütig an Deutschlands verlorene Gebiete erinnern wollten?

Der 1893 in Hamburg gegründete »Deutschnationale Handlungsgehilfenverband« (DHV) war eine Interessenvertretung kaufmännischer Angestellter. Ihr Vordenker Adolf Stoecker, Theologe und Initiator der »Christlich-sozialen Arbeiterpartei«, war radikaler Antisemit und hetzte gegen »verjudete« Linke und »verjudetes Großkapital«. Stoecker trug maßgeblich dazu bei, Juden im öffentlichen Bewusstsein als »Gefahr für deutsches Volksthum« zu stigmatisieren, schürte Verschwörungstheorien von »Unterwanderung« und »Vernichtung des deutschen Volkes« durch ein imaginiertes »Internationales Judentum« und erklärte Antisemitismus zum wichtigsten Anliegen »moderner« politischer Parteien. Seinem Credo folgend, sah sich der Hamburger DHV als »aus dem Antisemitismus heraus geboren«. Juden durften keine Mitglieder werden. Doch auch Frauen wurde der Beitritt verweigert. Die zunehmende Erwerbstätigkeit von Frauen in Angestelltenberufen bezeichnete der Verein als »Schmutzkonkurrenz« und unterstützte antifeministische Vereine. Nach dem Ersten Weltkrieg schloss sich der DHV mit gleichgesinnten Verbänden zum »Gesamtverband deutscher Angestelltengewerkschaften« zusammen, während der Weimarer Republik der einflussreichste Zusammenschluss deutscher Angestellter. Die Gleichschaltung mit der NSDAP erfolgte bereitwillig. 1933 erklärte der stellvertretende Verbandsvorsteher: »Wir haben 1919 nicht umgelernt und brauchen deshalb auch 1933 nicht umzulernen.«

Architektonisch setzte das Brahms-Kontor seinerzeit neue Maßstäbe. Bei Fertigstellung war es mit 55 Metern Höhe das höchste Bürogebäude Hamburgs.

Adresse Johannes-Brahms-Platz 1, 20355 Hamburg-Neustadt | ÖPNV Busse 3, 35, 36 und 112, Haltestelle Johannes-Brahms-Platz | Tipp Gegenüber liegt die Parkanlage Planten un Blomen, entstanden auf der alten Hamburger Stadtbefestigung.

14 Das Broschekhaus

Wohngemeinschaft Rowohlt und Marek

Auf einem Foto aus dem Jahr 1949 sieht man im Bildhintergrund die zerstörte Nikolaikirche in diesigem, hell flimmerndem Tageslicht. Vorn im Bild türmt sich ein Haufen Steine. Mittendrauf sitzt ein Gentleman in Hut und Mantel, die Hände auf die Knie gelegt, und lacht, dass man alle Zähne sieht. Sein eleganter Schal sitzt perfekt. Er trägt makellos gepflegtes Schuhwerk. Auf den Trümmern einer zerstörten Stadt hockend, strahlt seine körperliche Präsenz die Agilität, Zuversicht und Kraft eines Bergsteigers aus. Das ist Kurt W. Marek. Neben ihm steht ein zweiter Mann mit Hut und Brille, hält ein Manuskript in der linken Hand und lächelt Marek zu, wie man einem Freund zulächelt, ohne den das Leben öde und leer wäre. Das ist Ernst Rowohlt.

Nach dem Krieg, als das Broschekhaus eine Dienststelle der britischen Besatzungsmacht war, wohnte Marek in einem Zimmer im zweiten Stock und Rowohlt oben im vierten. Noch ohne Lizenz machte das Verlegerurgestein seine Bude kurzerhand zum Verlagsbüro und nagelte einen handgeschriebenen Zettel mit der Aufschrift »Rowohlt Verlag« an seine Zimmertür.

Das atemberaubend schöne Haus entwarf Fritz Höger 1925 als Druckhaus für den Broschekverlag, der die führende Zeitung der Freien und Hansestadt herausbrachte: das »Hamburger Fremdenblatt«. Aus der Liste der ankommenden Fremden in Hamburg (seit 1828) war ab dem 24. September 1864 das vom Menck'schen Druckhaus herausgebrachte »Hamburger Fremden-Blatt« geworden, das Verleger Albert Broschek 1907 übernahm. Nach dem Tod des Vaters führte Sohn Kurt Broschek die Zeitung. In den Jahren des Faschismus erfuhr das Fremdenblatt wegen seines hohen Ansehens im Ausland zunächst eine gewisse Schonung. Nach der Zwangsvereinigung mit der Hamburger Zeitung 1944 durfte das Hamburger Fremdenblatt nicht mehr erscheinen. Die Verlegerfamilie war »mangels politischer Zuverlässigkeit« enteignet worden.

Adresse Große Bleichen 36, 20354 Hamburg-Neustadt | ÖPNV U 1, U 2, U 4, S 1, S 2, S 3, Haltestelle Jungfernstieg | Tipp Die im Boden des Hanseviertels eingelassenen Bronzebänder und -platten erinnern an die Mitgliedsstädte der Hanse und ihren Handel.

15 Die Burg Henneberg

Laube, exklusiv

Das Schlafzimmer hat ein Bad und Ofenheizung. Zinnen und Fledermaus inklusive. Mit einer Wohnfläche von 43 Quadratmetern bei realen 30 Quadratmetern Nutzfläche wurde Hamburgs spektakulärer Immobilienknirps im Alstertal für rund eine halbe Million Euro verkauft. Dem Eigentümer sollen nach der Sanierung ein als Wohn- und Schlafraum geplanter sogenannter Rittersaal, ein Marmorvollbad mit Whirlpool und ein Turmzimmer zur Verfügung stehen. Zur Burg gehören über 3.000 Quadratmeter Grundstücksfläche, die allerdings im Landschaftsschutzgebiet liegen. Es darf ein bisschen gegärtnert werden, mehr aber auch nicht. Weitere Auflagen entstehen durch den Denkmalschutz der Burg. Dauerwohnrecht ist nicht vorgesehen, es gelten dieselben Regeln wie für alle Laubenpieper, schließlich ist die Burg ein Gartenhaus, das sich Gutsbesitzer Albert Henneberg 1887 in malerischer Hanglage für sein Anwesen bauen ließ. Historisches Vorbild war Burg Henneberg in Thüringen, von der heute nur noch Ruinen übrig sind und die 1096 erstmals urkundlich erwähnt wurde. Graf Godebold II. und sein Bruder Poppo von Henneberg waren damals Burgherren. Ihrer historischen Burg aus dem 11. Jahrhundert ist die Gartenburg von Albert Henneberg im Maßstab 1:4 nachgebaut.

Familie Henneberg kam 1855 nach Poppenbüttel. Damals ließ sich Albert Caesar Henneberg auf dem Marienhof nieder und legte den heutigen Henneberg-Park an. Sein Cousin Bruno betrieb einen 450 Hektar großen Gutshof. Damit gehörte den beiden fast ganz Poppenbüttel, das damals noch ein Dorf war und in der Mitte des 19. Jahrhunderts zu einem Gutsbetrieb zusammengefasst wurde. Die nächste Generation der Hennebergs machte Bauland daraus. 1930 wurde Eduard Henneberg Mitbegründer der Alsterthal-Terrain-Gesellschaft und parzellierte weite Teile des Familienbesitzes. Hier sollten bald die Siedlungen Eichenredder, Goldröschenweg und Heimgarten entstehen.

Adresse Marienhof 8, 22399 Hamburg-Poppenbüttel | **ÖPNV** Busse 24, 174, 176, 178, 179 und 276, Haltestelle Schulbergredder | **Tipp** Vom Poppenbütteler Markt aus ist der Hennebergpark zu Fuß zu erreichen. Vor dem letzten Krieg bewohnten die Hennebergs hier ein Reetdachhaus.

16 Die Cap San Diego

Wunderschönes Schiff

Sechs Dampfer der »Cap San«-Serie fuhren für die Reederei Hamburg-Süd bis nach Südamerika. Schönheit und Eleganz des Schnellfrachters Cap San Diego machen das heutige Museumsschiff neben der Rickmer Rickmers zum Blickfang der Überseebrücke. Strahlend wie eine Yacht mit rotem Unterschiff liegt es im Hafen vor Anker. Der Besuch ist sehr zu empfehlen. Unter Deck führt der Rundgang in den Maschinenraum, und das heißt: zum imposanten 9-Zylinder-Dieselmotor. Ein phantastisches Gefühl, an den monumentalen Zylinderdeckeln entlangzugehen. Man läuft über mehrere Unterdecks im Kreis um die 5 + 4 schwarz lackierten Zylinder und die vier großen Hilfsdiesel herum und begreift buchstäblich ein technisches Wunder. Angenehmer Ölgeruch steigt in die Nase. Die Maschinenteile und Instrumente sind alle noch handgearbeitet und atemberaubend schön. Die riesige Kurbelwelle misst 51 Meter und kann in voller Länge abgeschritten werden. Sie wurde von Arbeitern der Deutschen Werft in Handarbeit glatt geschliffen, bis sie perfekt rundlief.

Ein Blick in die Mannschaftskammern verdeutlicht die Rangordnung an Bord. Je höher die Position, desto schicker, einladender und vor allem größer die Kammer. Für bis zu sieben Monate waren die Mannschaftsmitglieder hier zu Hause, in den unteren Positionen dabei noch zu zweit im Etagenbett.

Stilvolle Details, wie etwa die hölzernen Treppenhandläufe oder die runden Ecken der Messen im Oberdeck, deren Linien die Wölbung der Brücke aufnehmen, tragen die elegante Handschrift Cäsar Pinnaus, Architekt des berühmten Reedereigebäudes der Hamburg-Süd. Krönender Abschluss eines Rundgangs durch die Cap San Diego ist der Blick von der Brücke über das geschwungene Deck nach vorn zum Bug. Die von beiden Seiten weich zur Spitze hin verlaufende, sich harmonisch öffnende Linie des Schiffes vermittelt einen sinnlichen, formvollendeten Eindruck.

Adresse Überseebrücke, 20459 Hamburg-Neustadt | ÖPNV S1, Haltestelle Landungsbrücken; U3, Haltestelle Baumwall | Tipp Die Kneipe Doppelschicht in der Langen Straße 6, 20359 Hamburg, ist das historische Zollhaus von 1815 (geöffnet täglich ab 11 Uhr).

17 Das Chilehaus

Högers Vision und Slomans Kapital

Fritz Högers Meisterwerk ist ein monumentaler Koloss. Der trotzdem zu schweben scheint. Hellgrüne Balkonstreben vor Staffelgeschossen flankieren das Gebäude zur Spitze hin. Sieht man von der Straße aus im Vorbeifahren hinauf, entsteht der Eindruck, als rasten die dünnen Stäbe in Windeseile vorbei und das Chilehaus bewege sich hinter ihnen. Ein Handelsschiff mit aufgerichtetem Bug, vorwärts durchs Meer auf Salpeterfahrt vor Kap Hoorn.

Mit von Freunden geliehenem Geld war Bauherr Henry Brarens Sloman als junger Schlosser 1869 nach Chile ausgewandert, fand Arbeit in Iquique und machte sich mit seiner Salpeterfabrik Gute Hoffnung in Tocopilla selbstständig. In der Rangliste der reichsten Hamburger stand Sloman 1912 mit einem Vermögen von rund 60 Millionen Mark und einem jährlichen Einkommen von rund drei Millionen Mark mit Abstand auf Platz eins.

Mit seinem Kapital entstand auf dem Höhepunkt der Inflationszeit mitten in der Altstadt eine Großbaustelle, auf der von Baubeginn 1922 bis Fertigstellung 1924 täglich bis zu 4.000 Handwerker beschäftigt waren. Wie viel Geld der große Hamburger Reeder in das Projekt gesteckt hat, kann nur vermutet werden. Nach der Währungsreform von 1924 wurden die Gesamtkosten auf zehn Millionen Reichsmark geschätzt.

Die Wassernähe stellte ein großes Problem dar. Der Baugrund des 5.950 Quadratmeter großen Grundstücks war zu weich, es mussten geeignete Maßnahmen zur Befestigung des Erdreichs gefunden werden. Dafür wurden weit über 1000 Eisenbetonpfähle von 16 Meter Länge eingelassen. Gebaut wurde mit Klinkern. Höger erwähnte, er habe für die Fronten des Chilehauses Ausschussklinker gewählt, die sonst allenfalls für Fußbodenpflasterung genommen würden. Ihm aber seien die deformierten Brocken wegen ihrer »natürlichen Knupperigkeit« besonders geeignet erschienen. Durch sie habe der Riesenbau einen beschwingten Charakter bekommen.

Adresse Fischertwiete 2, 20095 Hamburg-Altstadt | **ÖPNV** U 1, Haltestelle Meßberg | **Tipp** Im Sprinkenhof kann man einen Kaffee trinken und dabei die ebenfalls von Höger gestaltete Fassade bewundern.

18 Die Cityhochhäuser

Investoren können irren

Die Cityhochhäuser stehen unter Denkmalschutz. Ob man sie schön findet oder nicht, sie stehen unter Denkmalschutz. Sie hässlich zu finden, sie gar für einen Schandfleck zu halten, ist nicht allein Geschmackssache, denn sie verkörpern ein Stück Stadtgeschichte und besitzen daher historische Bedeutung. Die Cityhochhäuser sind Teil des Nachkriegsstädtebaus, und Nachkriegsarchitektur ist ein Zeitzeugnis, genau wie Nachkriegsliteratur, Nachkriegsfilme oder Briefe aus der Nachkriegszeit. Jede Briefmarke aus den frühen 1950er Jahren ist weniger gefährdet als die wuchtig-kantigen Hochhäuser beim Hauptbahnhof. Dabei gibt es sie nirgends noch einmal, jedes der vier Gebäude ist ein Unikat. Hamburg hat es nicht verdient, allmählich eine Stadt der Investorenarchitektur zu werden, die keinem Touristen und keinem Einwohner mehr Wissen oder einen längeren Gedankengang abfordert.

Welche Message haben die Cityhochhäuser, erbaut vom Hamburger Architekten Rudolf Klophaus? Sie waren Hamburgs erste Hochhäuser nach dem Krieg. Klophaus hatte für ihre Fassaden einen hellen, eleganten Kunststein gewählt. Der ist heute zwar nicht mehr zu sehen, liegt aber noch unter der tristen Beschichtung verborgen und könnte wieder freigelegt und gezeigt werden.

Als sie gebaut wurden, drückten die vier hellen Häuser Optimismus aus und die Zuversicht auf Gemeinschaftssinn und einen soliden gesellschaftlichen Neubeginn nach den Schrecken des Krieges.

Bewusst hat Rudolf Klophaus mit der Klinkerbautradition Hamburgs gebrochen, dabei galt er in den 1920er Jahren als einer der besten Hamburger Backsteinarchitekten. Jeder Entwurf und jedes Bauwerk eines guten Architekten bringt eine Hoffnung für die Zukunft zum Ausdruck. Möglicherweise wünschte sich Klophaus mit seinen hellen Hochhausfassaden für Hamburg und seine Bewohner eine lichte und leichte Zeit nach den Nazijahren.

Adresse Klosterwall 2, 4, 6, 8, 20095 Hamburg-Hammerbrook | **ÖPNV** U1, Haltestelle Steinstraße | **Tipp** Von Rudolf Klophaus stammen auch das Bartholomayhaus (1938) in der Steinstraße und das Pressehaus (1938) in Speersort.

19 Die Clausewitz-Kaserne

Ehemals Luftgaukommando XI

Es ist kein Zufall, dass das ehemalige Luftgaukommando XI, heute Clausewitz-Kaserne, in ruhiger Lage am westlichen Stadtrand liegt. Ludwig Wolff, Generalkommandeur der Luftwaffe, erklärte den Standort für sicher. Blankenese liege so weit von der Stadt Hamburg entfernt, dass der Befehlshaber des Luftgaus bei Fliegerangriffen nicht zur Verteidigung herangezogen werde. Das Gelände, von der Kaufmanns- und Reederfamilie Laeisz als Schenkung übereignet, hatte Hamburg an die jüdische Familie Plaut verpachtet. Nach Aufhebung des Pachtvertrages 1938 schenkte die Stadt es dem Deutschen Reich.

Die Luftgaukommandos waren Reichsverteidigungsbezirke der Luftwaffe und hatten bei Kriegsbeginn 15 Standorte in Deutschland. Einen davon in der Manteuffelstraße. Die Dienststellen waren mit der Instandhaltung aller Einrichtungen der Luftwaffe und der deutschen Flugplätze betraut. Darüber hinaus bildeten sie Nachwuchs aus und kontrollierten sowohl den militärischen als auch den zivilen Flugverkehr im deutschen Luftraum. Zunächst existierte das 1937 aufgestellte Luftgaukommando Hamburg nur ein knappes Jahr lang, bis Hannover für den gesamten norddeutschen Luftraum zuständig wurde. 1940 wurde das Luftgaukommando XI von Hannover nach Hamburg verlegt und blieb bis Kriegsende in Blankenese.

Die Führungsakademie der deutschen Bundeswehr bezog das Gebäude 1958 und nutzt es seitdem als ranghöchsten Ausbildungsstandort der deutschen Streitkräfte. Doch auch die Folterknechte Suhartos und Marcos' wurden in Blankenese ausgebildet. Zur Zeit der Diktatur Augusto Pinochets war eine Delegation chilenischer Folterer zu Besuch in der Manteuffelstraße. Engagierte Proteste der Anwohner machten damals die Öffentlichkeit darauf aufmerksam, dass die Herren nicht gekommen waren, um die Anlage zu besichtigen, sondern wegen militärischer Beratung zur Praxis ihrer Verhörmethoden.

Adresse Manteuffelstraße 20, 22587 Hamburg-Nienstedten | **ÖPNV** Bus 286, Haltestelle Stauffenbergstraße | **Tipp** Den Mühlenberg hinunter gelangt man zum Hirschpark mit »Witthüs Teestube«.

20 Das Curiohaus

Krawall im All

Unter diesem wilden Motto stieg 1932 ein großer Fasching im Curiohaus, der trotz Weltwirtschaftskrise mehrere Tage und Nächte lang kein Ende fand. »Wie viel Zeit, Nerven und Grips wurden da für ein paar Februarnächte in Flitterglitz und Glorie vergeudet«, schreibt Hans Leip in seinen Erinnerungen. Nur um sofort hinzuzufügen, dass das, was sich da nächtelang im Curiohaus an feenhaften Augenschmäusen ergab, dank genialer Einfälle und exquisiter künstlerischer Güte Jahr für Jahr alle Anregungen aus Köln souverän in den Schatten gestellt hätte.

Initiator des Pöseldorfer Künstlerfaschings war Jugendstil- und Art-déco-Designer Friedrich Adler, der über 25 Jahre lang an der Kunstgewerbeschule in Hamburg lehrte, wo er 1927 zum Professor ernannt wurde. Professor Adler wurde 1942 nach Auschwitz deportiert und ermordet. Vor der heutigen Hochschule für Bildende Künste Lerchenfeld erinnert ein Stolperstein an ihn.

Seine Feste, geboren aus dem Wunsch, den Kunstgeschmack des wohlhabenden Hamburger Bürgertums zu beflügeln und den Künstlern der Hansestadt ein Sprungbrett zu verschaffen, waren ein gesellschaftliches Ereignis der Extraklasse: Ball und Kabarett, rauschendes und berauschtes Fest, wild wirbelnde Bühne für reiche Mäzene und geheimnisumwitterte, skandalöse, verruchte, begnadete und mittellose Künstler. Theatralisch aufgedonnert oder so gut wie nackt, hinter Masken verborgen oder im einzigen guten Anzug kamen Tänzerinnen, Schriftsteller, Dichterinnen, Komponisten, Dramatiker und Malerinnen, um einander zwischen Flirt und Finanz begegnen, bezaubern und befördern zu können. Es hat in Hamburg weder vorher noch nachher etwas Vergleichbares gegeben.

Während der Weimarer Republik überstand das 1919 aus der Taufe gehobene Hamburger Künstlerfest Inflation und Weltwirtschaftskrise. Erst der Beginn des Zweiten Weltkriegs setzte ihm ein vorläufiges Ende.

Adresse Rothenbaumchaussee 11, 20148 Hamburg-Rotherbaum | ÖPNV Bus 34, Haltestelle Völkerkundemuseum | Tipp Das chinesische Teehaus Yu Garden lohnt einen Besuch.

21 Das Dampfboot-Wartezimmer

Einstieg zum Düker

Mit Aufhebung der Torsperre im Jahr 1861 entstand in Hamburg eine neue Wohnsituation. Da es ohne Torschlusszeiten möglich war, in Hamburg zu arbeiten und außerhalb zu wohnen, wuchsen die Randgebiete der Stadt. Da das Sielnetz die zusätzlich anfallenden Abwassermengen nicht bewältigen konnte, stand eine aufwendige Erweiterung an. Von 1871 bis 1875 entstand das große Geest-Stammsiel, einer von Hamburgs ältesten und größten Abwasserkanälen. Weiter wird das Abwasser unter der Norderelbe hindurch ins Hauptklärwerk Köhlbrandhöft geleitet. Die Verbindung der beiden Kanalarme des Gest-Stammsiels bildete der Düker, eine 2,15 Meter breite gemauerte Abwasserleitung unter der Lombardsbrücke, ausgestattet mit von Handkurbeln betriebenen Stautoren. 1877 unternahmen zwei Schlüsselfiguren des Dreikaiserjahres eine Bootsfahrt durch Hamburgs Geest-Stammsiel. Der spätere 99-Tage-Kaiser Friedrich III. und sein Sohn, der künftige Kaiser Wilhelm II., äußerten sich lobend darüber, dass die Luft im Kanal kaum ihre Nase beleidige.

Den Gang im Pfeiler der Lombardsbrücke, der zum unterirdischen Düker führt, erreicht man durch das Dampfbootwartezimmer. Früher ein Wartehäuschen, in dem von 1868 bis 1881 Fahrgäste der Alsterschifffahrt bei Nieselregen trocken blieben, wird der schummrig-romantische Zugang in den historischen Düker heute nur noch zum »Tag des offenen Denkmals« für Besucher geöffnet.

Ein Höhepunkt, wie ihn das Dampfbootwartezimmer wahrscheinlich nie wieder erleben wird, war der Auftritt von Hamburgs Sängerin Cäthe (»Hoch oben nah dem Sturm«), die zwischen blanken Mauern für 40 Hörer von »alsterradio rock'n pop« ein legendäres Konzert gab. Selbst ohne richtige Belüftung und ohne Heizung im fensterlosen Gemäuer steckt dem Dampfboot-Wartezimmer der Charme eines kernigen Hamburger Clubs in den feuchtkühlen Fugen.

Adresse Lombardsbrücke (östliches Brückenfundament), Ballindamm/Glockengießerwall, 20096 Hamburg-Altstadt | ÖPNV U 1, U 2, U 4, S 1, S 2, S 3, Haltestelle Jungfernstieg | Tipp Am Jungfernstieg legt der Museumsdampfer St. Georg ab zur Alsterrundfahrt.

22 Die Deutsche Bank Alter Wall

Bankräuber Spitznase

Der größte Bankräuber der deutschen Nachkriegsgeschichte hat seine spektakulären Dinger in Hamburg gedreht. Sein Fluchtwagen war ein VW Käfer, Kennzeichen HH-Z-878. Gekriegt haben sie ihn lange Zeit nicht. Wie nah sie dran waren, ihn zu schnappen, konnte Spitznase, bürgerlich Hugo Alffcke, aus nächster Nähe verfolgen. Das ging easy, denn Bankräuber Spitznase war Polizeibeamter.

Seine Vorgesetzten lobten die Korrektheit und Liebenswürdigkeit des Kollegen mit den grauen Schläfen, der seit 19 Jahren bei der Hamburger Polizei, in der Mittagspause Brauselimonade zur Stulle trank und Stadtpläne studierte. Die Nachbarn sahen den grundsoliden Vater von drei Töchtern am Wochenende die Treppe wischen. Danach half er seiner Frau beim Abwasch. Im Dienstrang eines Polizeimeisters bezog Alffcke ein Monatsgehalt von 1.253 Mark. Dass er lange nicht mit den Taten in Verbindung gebracht werden konnte, lag daran, dass es keine verwertbaren Zeugenaussagen über das Aussehen des Bankräubers gab. Seine Waffe war eine Walther-Pistole, Kaliber 7,65 mm. Sämtliche Akten zum Fall Hugo Alffcke sind verschwunden. Weder Staatsarchiv noch Polizei haben Berichte und Vernehmungsprotokolle von damals.

Den Überfall auf die Deutsche Bank am Alten Wall hat nie wieder ein Bankräuber gewagt. An einem Montag, seinem dienstfreien Tag, im Juni 1959 schoss Hugo Alffcke einen Angestellten in den Arm, dann entkam er mit 20.000 Mark unerkannt durch ein Fenster.

Gefasst wurde Spitznase wiederum am Montag, beim Überfall in Delmenhorst. Sein Chef, Polizeipräsident Dr. Frenzel, erklärte der Hamburger Presse: »Die Polizei bedauert diesen Vorfall zutiefst und hofft, dass er sich nicht belastend auf das Verhältnis zwischen Polizei und Bevölkerung auswirkt.« Gattin Brunhilde Alffcke fand im Keller ihres Hauses 58.000 Mark. Das Geld steckte in einer Brotdose.

Adresse Deutsche Bank, Alter Wall 37, 20457 Hamburg-Altstadt | **ÖPNV** U3, Haltestelle Rathaus | **Tipp** Das neu eröffnete Polizeimuseum, Carl-Cohn-Straße 39, ist ein Muss (geöffnet Di und Do 11–17 Uhr).

23 Die Drei Männer im Boot

Edwin Scharff in Hamburg

Edwin Scharff, 1887 in Neu-Ulm geboren, begann als 15-Jähriger ein Studium der Malerei in München, zu dessen Abschluss er mit einem Reisestipendium geehrt wurde. Der Künstler reiste nach Paris, Madrid und durch Italien. 1923 wird Scharff als Professor nach Berlin berufen und wendet sich vermehrt Denkmalsentwürfen zu. 1927 wird er stellvertretender Präsident des Künstlerbundes, für den er 1929 das bis heute verwendete Signet der »Drei Männer im Boot« entwirft. Als Skulptur ist sein Entwurf am Schwanenwik in Hamburg zu sehen.

1937 fanden in Deutschland zwei große Propagandaausstellungen statt, die dem Bildhauer zunächst einen bedeutenden öffentlichen Auftrag, doch gleich darauf das Berufsverbot brachten: Im Mai 1937 eröffnete in Düsseldorf die Reichsausstellung »Schaffendes Volk«, im Juli folgte die Ausstellung »Entartete Kunst« in München.

Das Neue Wohnen im Nationalsozialismus war Schwerpunktthema von »Schaffendes Volk«. Repräsentativ für die Neue deutsche Kunst sollten zwei große Pferdeskulpturen das Eingangsportal der Ausstellung schmücken. Von Edwin Scharff stammte der Entwurf für die Statuen aus Granit. Wegen anhaltender Streitigkeiten zwischen Künstler und Stadt, Größe und Kosten der Rosselenker betreffend, waren die Figuren zu Beginn der Ausstellung noch nicht fertig. Scharff erhielt böse Kritik. Zum Höhepunkt des Eklats kam es zwei Monate später in den Münchner Hofgartenarkaden. Zwischen Werken des Expressionismus und Surrealismus, aufgehängt an Wänden, die mit primitiven Schmähungen beschriftet waren, tauchten auf der Ausstellung »Entartete Kunst« Edwin Scharffs Entwürfe der Rosselenker auf. Der Bildhauer wurde zwangsweise in den Ruhestand entlassen und erhielt 1940 Berufsverbot.

Nach Kriegsende wurde Edwin Scharff Professor an der heutigen Hochschule für Bildende Künste. Er starb 1955 in Hamburg.

Adresse Alsterwiese Schwanenwik, 22087 Hamburg-Uhlenhorst | **ÖPNV** Busse 6, 37, 172 und 173, Haltestelle Mundsburger Brücke | **Tipp** Im Anleger 1870, Hartwicusstraße 7, kann man auf einer herrlichen Terrasse am Wasser oder im stimmungsvollen Gewölbe tafeln (geöffnet Mo–Fr ab 17 Uhr, Sa ab 12 Uhr, So mit Frühstücksbuffet ab 10 Uhr).

24 Die einstige Staatspolizei

Verfolgung des Hamburger Widerstands

Am Übergang der Weimarer Demokratie zum Hitlerfaschismus war die Hamburger Staatspolizei eine Abteilung der Kriminalpolizei und mit Aufgaben des Staatsschutzes betraut. Nach der Machtübergabe wurde die Staatspolizei aufgestockt, gleichgeschaltet und gezielt zur Eliminierung des politischen Widerstands, insbesondere der Arbeiterbewegung, eingesetzt.

Auf Initiative des Gauleiters und späteren Reichsstatthalters Karl Kaufmann wurde im März 1933 das Kommando zur besonderen Verwendung gebildet, das bis 1934 das Fahndungskommando der Hamburger Staatspolizei war. Im November 1933 entkoppelte der Hamburger Senat die Staatspolizei von der Kriminalpolizei und unterstellte sie der Befehlsmacht Heinrich Himmlers, Reichsführer der SS und Chef der deutschen Polizei. Der Hamburger Senat hatte die Zuständigkeit für die eigene Polizei an Himmler verloren. Neben SS und Gestapo entwickelte sich die Hamburger Staatspolizei zur führenden Organisation nationalsozialistischer Gewaltverbrechen. Ihr Standort war bis zu den Luftangriffen 1943 der Arkadenanbau des Hamburger Stadthauses, heute Sitz der Behörde für Stadtentwicklung und Umwelt.

Der »Sondererlass zur verschärften Vernehmung« von Kommunisten, Marxisten, Widerstand und Zwangsarbeitern bevollmächtigte Gestapobeamte, Verdächtige schwer zu misshandeln und zu töten. Die Hamburger Gestapo zerschlug die Bästlein-Jacob-Abshagen-Gruppe und ermordete über 70 der 100 inhaftierten Mitglieder. Auch die Etter-Rose-Hampel-Gruppe wurde zerschlagen, ebenso die Hamburger Weiße Rose. Während der letzten Kriegswochen verfolgte die Gestapo in Hamburg die Widerstandsgruppe »Kampf dem Faschismus«. Im Rahmen sogenannter »vorbeugender Verbrechensbekämpfung« wurden Sinti und Roma deportiert und als »Asoziale« und »Berufsverbrecher« verfemte Menschen in Konzentrationslager eingewiesen.

Adresse Ensemble Neuer Wall 86/88, Stadthausbrücke 4–10 und Bleichenbrücke 17 a/b, 20354 Hamburg-Neustadt | ÖPNV S 1, Haltestelle Stadthausbrücke | Tipp Kaffeehaus-atmosphäre und ausgezeichnetes Wiener Schnitzel bietet das Restaurant Rialto an der Michaelisbrücke 3, 20459 Hamburg (geöffnet täglich 12–23 Uhr).

25 Die Eisbahn Wallanlagen

Swingtanz auf dem Vulkan

»Was mit Duke Ellington anfängt, das hört mit dem Attentat auf den Führer auf.« Kann man sich heute noch vorstellen, dass Hans Wilhelm Blomberg, Chef der Gestapoleitstelle an der Stadthausbrücke, in swingtanzenden Jazzfans allen Ernstes Staatsfeinde sah? Sie selbst nannten sich Swingheinis, die Mädchen waren Swing Babies, die Jungs hießen Swing Boys. Manchmal stieg man in anderer Leute Automobil und fuhr durch Hamburg, bis der Sprit alle war. Gelegentlich wurden Zuckermarken gefälscht, um Grundstoff für die Mondscheinbrennerei zu haben. Wie hätte man sonst Budenzauber (heute: Partys), im Slang der Swingheinis »das große Greifen mit den kleinen erotischen Basteleien«, auf die Beine stellen sollen? Schlaksig neben Radio oder Grammophon gelehnt, teuer und elegant gekleidet, wild tanzend statt uniformiert im Gleichschritt marschierend und strammstehend, präsentierte Hamburgs Swingjugend den angepassten Nazis im wahrsten Sinn des Wortes Antihaltung.

Der neue Musikgeschmack kam aus den Elbvororten, wo ein Faible für alles Englische seit jeher zum guten Stil gehörte. Deutschland raste auf den Krieg zu. Hamburgs Swings hotteten im Luftschutzkeller. Stiegen durch die Schornsteinfegerluke und tanzten nachts zusammen auf dem Dach. Oder spielten aus den Lautsprechern des seit 1935 als Eiskunstbahn genutzten Großen Wasserbeckens der Gartenschau in Planten un Blomen ihre unter Lebensgefahr ergatterten Schallplatten und jazzten paarweise auf Kufen. Jeden Tag konnte die Einberufung zur Deutschen Wehrmacht, ins Wehrertüchtigungslager oder zum Reichsarbeitsdienst eintreffen. Oder ein Schutzhaftbefehl wegen zersetzenden Verhaltens. Von 1.500 aktenkundig gewordenen Hamburger Swings wurden über 400 festgenommen. Viele von ihnen wurden in die KZs Moringen und Uckermark eingewiesen.

Die historische Eislaufbahn lag dort, wo heute der Parksee mit der Wasserlichtorgel ist.

Adresse Planten un Blomen, St. Petersburger Straße, 20095 Hamburg-St. Pauli | ÖPNV Bus 112, Haltestelle Handwerkskammer | Tipp Grafiken zeitgenössischer Künstler stellt das Schulmuseum Griffelkunst in der Seilerstraße 42, 20359 Hamburg, aus (geöffnet Mi 9–18 Uhr).

26 Das Empfangsgebäude

Spur der Hamburg-Altonaer Vorortbahn

Der kleine Kreml mit Zwiebelturm wurde zur Zeit des Jugendstils vom Hamburger Bauingenieur Franz Andreas Meyer aus rotem Backstein gebaut, 1907 als Bahnhof eröffnet und steht heute unter Denkmalschutz. Mit ihm entstand in ersten Anfängen das heutige S-Bahn-Netz.

Pferdebahnen und elektrische Straßenbahnen gehörten schon fest zum Straßenbild von Hamburg, als 1904 die Preußisch-Hessische Eisenbahngemeinschaft für das ehemals preußische Altona und der Senat der Freien und Hansestadt Hamburg die Inbetriebnahme der Hamburg-Altonaer Vorortbahn aushandelten. Technische Entwickler waren die Allgemeine Elektricitätsgesellschaft (AEG) und das Unternehmen Siemens & Halske. Die Strecken wurden zunächst zweigleisig angelegt, die Gleisanlagen verliefen getrennt vom Eisenbahnverkehr.

Damals beförderte die Vorortbahn Fahrgäste in weit auseinanderliegende Gebiete. Altona gehörte noch längst nicht zu Hamburg, und Blankenese, das ebenfalls per Vorortbahn erreicht werden konnte, war eine kleine Landgemeinde weit draußen im Westen. Über die bereits bestehende Strecke Blankenese–Altona hinaus sollte die erweiterte Verbindungsbahn nach Hamburg-Ohlsdorf dort ausgedehnt und verlängert werden, wo damals der neue Friedhof im Entstehen war. Nach achtjähriger Bauzeit war der neue Abschnitt 1906 fertig und verlief nun parallel zur Strecke der Lübecker Eisenbahn bis zum neuen Bahnhof Hasselbrook und von dort auf eigener Trasse weiter bis Ohlsdorf.

In der Folgezeit entstanden weitere Bahnhöfe, die heute, mehr als hundert Jahre später, selbst zentrale Verkehrsknotenpunkte und Umsteigebahnhöfe der Stadt geworden sind. Eine S-Bahn-Fahrt nach Ohlsdorf führt zu den Anfängen des heutigen S-Bahn-Liniennetzes der Stadt Hamburg. So wurde der Bahnhof Berliner Tor 1906 eröffnet, im selben Jahr wie die Bahnhöfe Landwehr und Wandsbeker Chaussee.

Adresse Bahnhof Hasselbrook, 22089 Hamburg-Eilbek | ÖPNV S 1, S 11, Haltestelle Hasselbrook | Tipp Im Zwiebelturmbau ist in historischen Räumlichkeiten das Restaurant Factory Hasselbrook untergebracht.

27 Die Ernst-August-Schleuse

Erinnerung an Hannovers Kronprinzen

Besiedelt waren die Elbinseln um Wilhelmsburg schon im 12. Jahrhundert. Im frühen 14. Jahrhundert wurde mit der Landgewinnung durch Eindeichung begonnen. Herzog Georg Wilhelm von Braunschweig-Lüneburg-Celle erwarb im Jahr 1672 das Gebiet um Stillhorn und Georgswerder. Seine Tochter Sophie Dorothea wurde gegen ihren Willen mit ihrem Cousin Georg Ludwig verheiratet, der in Hannover geboren war und 1714 in der Westminster Abtei als Georg I. zum König von Großbritannien gekrönt wurde. Durch seine Heirat mit Prinzessin Sophie vereinigten sich nach dem Tod des Herzogs von Braunschweig-Lüneburg die Fürstentümer Lüneburg und Hannover. Damit gehörte Wilhelmsburg zu Hannover. Die unglücklich verheiratete Prinzessin Sophie wurde später unter dem Namen »Prinzessin von Ahlden« bekannt, als die geplante Flucht mit ihrem Geliebten, Philipp Christoph von Königsmarck, aufflog, sie schuldig geschieden wurde und den Rest ihres Lebens bewacht und aller Titel ledig auf Schloss Ahlden in der Lüneburger Heide verbringen musste.

Im 18. Jahrhundert brachte eine Sturmflut verheerenden Schaden über Wilhelmsburg. Daraufhin wurde mit dem Bau eines Flutschutzes begonnen, und bereits 1861 war die historische Ernst-August-Schleuse fertig. Da Wilhelmsburg damals noch immer Teilgebiet von Hannover war, wurden Schleuse und Kanal auf den Namen des damaligen Kronprinzen getauft.

2009 erneuerte die Hamburg Port Authority (HPA) die alte Schleuse für 26 Millionen Euro. Der Neubau auf dem Deichkamm sieht klasse aus, aber nach der Eröffnung war der Ärger groß. Die Schleuse hat eine deutlich kleinere Kammer als ihre Vorgängerin und darf nur langsam volllaufen, weil sich sonst Verwirbelungen bilden und die Schiffe ins Schwanken bringen. Dadurch haben sich die Schleusungszeiten verdoppelt. Die Hamburger SPD sprach von einem sehr teuren Schildbürgerstreich der HPA.

Adresse Ernst-August-Schleuse, 21107 Hamburg-Wilhelmsburg | **ÖPNV** Fähre 73 oder Bus 156, Haltestelle Ernst-August-Schleuse | **Tipp** Gutbürgerliche Küche und gemütliche Alt-Wilhelmsburger Atmosphäre bietet das Café Pianola, Vogelhüttendeich 62.

28 Die erste Bücherhalle

Lesen zur Heilung sozialer Schäden

Für Eduard Hallier (1866–1959) war die Rückkehr von seiner Weltreise der Anfang einer Mission. In den Vereinigten Staaten von Amerika hatte der Hamburger Anwalt die Public Libraries entdeckt. Freier Zugang zu Literatur für jeden, der lesen wollte. Egal, ob arm oder reich, ob gebildet oder ungebildet. In Hamburg gab es nichts Vergleichbares, und Hallier war leidenschaftlich entschlossen, das zu ändern. Er war davon überzeugt, dass Lesen »soziale Schäden« lindern, wenn nicht sogar heilen könne. Die Gegensätze zwischen den sozialen Schichten würden verringert, die Menschen würden zusammenkommen. Was würde man Hallier heute entgegenhalten? Dass er ein naiver Träumer sei? Er hätte geantwortet, jedes Arbeiterkind sei es wert, ihm eine Chance zu geben, seinen Traum zu verwirklichen. Was ihn die Arbeiterkinder angingen? Das wird er oft gefragt worden sein. Sie lagen ihm einfach am Herzen. Eduard Hallier versuchte es beim Senat. Der erklärte bedauernd, kein Geld zur Verfügung stellen zu können. Wofür eigentlich? Damit Bücher von Hamburger Arbeitern gelesen würden? Tatsächlich, die Amerikaner machten so was? Schönen Tag noch, Herr Hallier.

Zu guter Letzt kam Eduard ans Ziel seiner Odyssee. Die Mitglieder der Hamburger Patriotischen Gesellschaft bekamen beim Gedanken an öffentliche Bücherhallen für bildungsferne Familien keine Schnappatmung. Sie zogen das Scheckheft. Am 1. Oktober 1899 eröffnete mit 6.000 Bänden die erste Hamburger Bücherhalle an den Kohlhöfen.

1914 wurde nach Fritz Schumachers Entwurf die klassizistische Volkslesehalle am Mönckebergbrunnen gebaut. Das Gebäude sieht wie ein kleiner Tempel aus. Im oberen Stock lag der »Saal der Schönen Literatur«. 1971 zog Burger King in die ehemalige Volkslesehalle ein. Nach der Jahrtausendwende wurde eine Starbucks-Filiale draus. Auch das ist gesellschaftliche Moderne, die aus den Vereinigten Staaten nach Hamburg gekommen ist …

Adresse Kohlhöfen 21, 20355 Hamburg-Neustadt | ÖPNV Bus 112, Haltestelle Handwerkskammer | Tipp Die Hamburger Öffentlichen Bücherhallen, Hühnerposten 1, 20097 Hamburg, laden regelmäßig zum Tag der offenen Tür ein.

29 Finkwarder

Garnstück mit Scharpen

Finkenwerder heißt bei seinen Bewohnern Finkwarder, und als Finkwarder bezeichnen sie sich auch selbst. Ein Spaziergang den Auedeich entlang führt durchs »Gängeviertel vom andern Ufer«. Auf der rückwärtigen Seite der Fischerhäuser liegen, vor Blicken von der Straße geschützt, die traditionellen langen Gärten. Im Garnstück 1 befindet sich das Wandbild mit Scharpen, traditionell luftgetrockneten Schollen, die als Proteinlieferant entweder getrocknet gegessen oder gekocht werden. Scharpe schmeckt beim ersten Mal nach versalzenem Lampenschirm. Man muss von klein auf daran gewöhnt sein. Eigenwillig zu essen ist Teil des Inselcharakters, doch nur wenige wissen noch, dass Finkenwerder einmal die Heimat der Finkenfänger war. Schmackhaft zubereitet kamen die Vögel auf den Mittagstisch und wurden selbst bei Ratsmahlzeiten als Delikatesse serviert.

Wahrscheinlich wurde Finkenwerder von den Holländern eingedeicht. Zum einen verstanden sie die Kunst, moorige Marschländer trockenzulegen und fruchtbar zu machen. Zum anderen spricht die Verleihung des holländischen Rechts dafür, dass die ersten Siedler Holländer waren. Lange Zeit auf der Insel nachweisbare Familiennamen wie Benit, Fock, von Dratteln, von Bergen, von Ringen und von Campen sind holländischen Ursprungs.

1236 belehnte der Erzbischof von Bremen Herzog Otto von Braunschweig mit den Inseln Gorieswärder und Vinkenwärder. Als die Grafen von Holstein die Insel teilten, fiel der südliche Teil an Lüneburg und der nördliche an Hamburg. Die Hamburger Seite hieß Finkenwärder. Aus der zum preußischen Kreis Harburg gehörenden wurde Finkenwerder, Wiege des Schiffbaus, der Schifffahrt und Fischerei. Noch bis ins Jahr 1900 blieb Finkenwerder ein beinahe unberührtes Inselidyll, dann erklärte man es zum Hafengebiet. 1918 wurde die Deutsche Werft gegründet, und für die Insel der Finken begann das Industriezeitalter.

Adresse Auedeich, 21129 Hamburg-Finkenwerder | ÖPNV Busse 146, 150 und 251, Haltestelle Auedeich Das Frei- und das Hallenbad Finkenwerder, Finksweg 82, ist ein beliebtes Ausflugsziel (geöffnet Mo–Fr 10–20 Uhr, Sa und So 10–18 Uhr).

30 Das Fischkistendörp

Selbsthilfe in der Weltwirtschaftskrise

Heute würde man die Fischkistensiedlungen als Slums bezeichnen. In den 1930er Jahren verloren in Hamburg, wie überall auf der Welt, Tausende ihre Arbeit. Sie konnten die Miete für ihre Stadtwohnungen nicht länger bezahlen, standen mit ihren Familien obdachlos auf der Straße und mussten ihr Schicksal selbst in die Hand nehmen, um die Armut zu überleben.

Zu Siedlungszwecken verkaufte die Reichsbahn damals Personen- und Güterwaggons, aber die reichten bei Weitem nicht. Aus allem, was Kälte, Wind und Regen abhielt, zimmerten die obdachlos gewordenen Arbeiter sich Notunterkünfte und siedelten illegal in Stadtrandgebieten und Landgemeinden rund um Altona und Hamburg. Viele Siedler in Lurup und Osdorf kamen aus der Altonaer Fischindustrie und konnten ausrangierte Fischkisten beschaffen, aus denen sie ihre Lauben zimmerten. Diese Fischkisten, die etwa die Stärke von Sperrholz hatten, konnte man noch so schrubben, der Geruch blieb drin. Der Fischgestank in den Laubenkolonien war unvorstellbar. Auch Kleidung und Haut der Siedler stanken und stigmatisierten die Ärmsten der Armen.

Beim Morgenröteweg wurden die ersten Lauben gebaut. Der Bedarf an Wohnraum riss aber nicht ab, und bald war das gesamte dort heute gelegene Kleingartengebiet ein Fischkistendorf. Entscheidend war nicht nur das Dach über dem Kopf, sondern der gemeinsame Einstieg in die Subsistenzwirtschaft. Die Siedler begannen wieder wie in vorindustrieller Zeit zu leben. Sie bauten Gemüse und Obst an, manche hielten Hühner, Gänse und Enten. In seltenen Fällen standen sogar Schafe und auch mal ein Schwein im Garten vor den Lauben. Dass sie in der Lage waren, sich selbst zu versorgen, rettete während des Krieges die Familien in den Kistendörfern vor dem Hungertod.

Mit den Jahren gelang es vielen, besseres Baumaterial zu organisieren und ihre Hütten zu richtigen Häusern auszubauen.

Adresse Rundgänge beginnen an wechselnden Punkten. | **Öffnungszeiten** Regelmäßig stattfindende Rundgänge der Hamburger Sozialwissenschaftlerin Anke Schulz führen durch das ehemalige Fischkistendörp. Anmeldung über die Geschichtswerkstatt Lurup, lurup@gmx.de. | **Tipp** In der Jevenstädter Straße 97 stand eine Leybude.

31 Die Fleetinsel

Nie Insel gewesen

Eine feine Gegend war das Geviert zwischen Herrengrabenfleet und Alsterfleet, Stadthausbrücke und Ost-West-Straße die längste Zeit über nicht. Am historischen Verkehrsknotenpunkt des alten Hamburg lagen Schlachthaus und Siechenhaus in direkter Nachbarschaft. Ein Roman der Jahrhundertwende schildert die damaligen Gegebenheiten. »Fast immer lagen die Straßen im Schatten, wie sie eng und die Hauswände hoch waren. Es war windstill in diesen Straßen, die Luft war eingesperrt und voller Gerüche. Es roch nach Kolonialwaren und Lagerstaub, nach Wein und Essig; jedes Haus hatte seinen besonderen Geruch, und die Straße hatte die Gerüche aller Häuser.«

Nach den Zerstörungen des Krieges blieb das Gebiet bis in die 1980er Jahre ungenutzt, wilde Grasflächen mit Erlen und Birken wuchsen hier. Der Name Fleetinsel – trotz seines nostalgischen Klangs nicht historisch – ist eine Erfindung der Hamburger Baubehörde. Mit dem Image einer guten Adresse wurde das brachliegende Filetstück, das zwar in der Nähe einiger Fleete liegt, aber nie eine Insel war, zur Neubebauung ausgeschrieben.

Gleichzeitig mit der geplanten Neugestaltung der Gegend traten Künstler an die Stadt Hamburg heran und fragten an, ob sie in den ungenutzten historischen Kontor- und Speichergebäuden in der Admiralitätsstraße 74 und 75 bezahlbare Ateliers haben könnten. Die Stadt stimmte zu, und schon im Winter 1985/86 zogen die ersten Künstler ein und begannen in Eigenleistung mit der Sanierung der Häuser. Das Westwerk war geboren. Um es langfristig als Kulturhaus zu sichern, kaufte im Mai 1989 die Fleetinsel KG von Hans Jochen Waitz und Jan Störmer beide Häuser für eine Million Mark.

Kulturelles Statement gegen die Konsum- und Tourismusbranche, blieb die Fleetinsel als Standort für Galerien, Konzerte, Lesungen, Filmvorführungen, Ausstellungen und Theaterveranstaltungen erhalten.

Adresse Fleetinsel, 20459 Hamburg-Neustadt | ÖPNV U3, Haltestelle Rödingsmarkt | Tipp In der Admiralitätsstraße 55 liegt der Eingang zum historischen Waisenhaus mit dem berühmten Portalschmuck »Runder Tisch«.

32_Das Gängeviertel

Die Hungrigen gegen die Satten

Das meiste dessen, was die Zeitungen über das Gängeviertel schreiben, handelt von jungen Künstlern. Die wiederum präsentieren sich auf der Infoseite des Viertels als Vertreter von sehr viel Spaß, gemütlichem Beisammensein und selbst gebackenem Kuchen. Wenn hier und da noch die Rede davon ist, dass im Gängeviertel »etwas Neues entsteht«, hat das so viel sozialpolitisches Potenzial wie die Bekanntgabe der Geburt eines neuen Tapir-Babys in Hagenbecks Tierpark.

Nirgendwo liest man mehr von der großen gesellschaftlichen Idee, die 2009 zur Besetzung des Gängeviertels führte: dieses 350 Jahre alte Quartier zu schützen, um das letzte sichtbare Vermächtnis der Menschen zu bewahren, die Hamburgs ökonomisches Rückgrat gebildet haben. Deren Arbeitskraft im Hafen verschlissen wurde. Deren Namen keiner mehr kennt. Das Gängeviertel konnte vor dem Abriss bewahrt werden. Ehrenamtlich arbeitende Architekten setzen sich dafür ein, die Häuser nicht geschönt totzurestaurieren, sondern so, dass sichtbar bleibt, wie es früher darin aussah. Ein täglicher Kampf gegen 08/15-Lösungen und die sture Leier vom fehlenden Geld. Das Anliegen der Hamburger Architekten, Tischler und Grafiker, die das Quartier besetzt haben, drängt zu einer umfassenden gesellschaftspolitischen Frage, die alle angeht: In welcher Art Stadt wollen wir leben, die wir weder so finanzstark noch so mächtig wie die Investoren sind? Damit wurde das Gängeviertel Teil der sozialen Bewegung »Recht auf Stadt«, wie sie der französische Soziologe Henri Lefbvre als »droit à la ville« 1968 ins Leben rief. Gemeinsam versucht man, sich gegen Gentrifizierung und steigende Mieten einzusetzen und Luxusbauprojekte zu verhindern. Verglichen mit so dringenden Aufgaben wirkt Spaßhaben und Kuchenbacken, als sei – arithmetisch gesprochen – aus dem größten gemeinsamen Vielfachen der kleinste gemeinsame Nenner geworden.

Adresse Die monatliche Führung beginnt im Logenhaus Valentinskamp 34, 20355 Hamburg-Neustadt. | **ÖPNV** U 2, Haltestelle Gänsemarkt | **Tipp** Hamburg hat noch eine geschlossene Hofbebauung mit Fachwerkbauten aus dem 17. Jahrhundert: die Krameramtsstuben gegenüber vom Michel.

33 Der Garten de l'Aigles

Bund der heimlichen Rosenpflanzer

Als findige Verschwörer im Dienste Ihrer Majestät, der Königin der Blumen, stellte sich Alma de l'Aigle (1889–1959), Schriftstellerin, Pädagogin und engagierte Sozialistin, die Leser ihres Standardwerks »Begegnung mit Rosen« vor.

Ähnlich der etwas kernigeren und gleichwohl virtuosen Zeitgenossin aus England, Schriftstellerin und Gärtnerin Vita Sackville-West, schreibt auch Alma de l'Aigle über Rosen, als würde sie Kunstwerke zum Leben erwecken. Etwa wenn sie eine französische Sorte der 1940er Jahre als »die Erfüllung unseres Traums von einer schwärzlich samtigen, tief dunkelroten Rose« charakterisiert. Alma de l'Aigle liebte den Duft ihrer Rosen, den sie mit Hingabe beschrieb, während die Blumenhändler ihrer Zeit mehr mit dem Auge als mit der Nase wählten und Sorten bevorzugten, die mehrmals im Jahr blühten und möglichst elegant geformte Knospen trugen. Rosen-Kordes hat der Romantikerin mit »Andenken an Alma de l'Aigle« eine Rose von seidenzartem Rosa, mit mandelgrünem Laub und frischem Duft, gewidmet.

Den Wunsch, Malerin zu werden, redeten ihre Eltern Alma de l'Aigle aus. Stattdessen wurde sie Lehrerin und entwickelte sich zur Reformpädagogin im Sinne Alfred Lichtwarks oder später Loki Schmidts. Kinder sollten sich frei entfalten können, an Wunder und Schönheit der Natur herangeführt werden und Wertschätzung für jedes lebendige Geschöpf entwickeln. Ihre Liebe zur Freiheit war mit Gleichschaltung und Gehorsam unvereinbar. So erhielt Alma de l'Aigle in den Jahren des Faschismus Berufsverbot. Für ihr nach dem Krieg geschriebenes Buch »Die ewige Ordnung in der Erziehung« bekam sie große Anerkennung. Die Bundesprüfstelle für jugendgefährdende Schriften berief die Reformpädagogin in ihr Gremium.

Die Rosengärten gibt es heute nicht mehr. Für den Garten de l'Aigles müsste dringend etwas getan werden, er ist stark verwildert.

Adresse Tarpenbekstraße 107, 20251 Hamburg-Eppendorf | ÖPNV Busse 34 und 281, Haltestelle Nedderfeld | Tipp Das ehemalige Haus des deutschen Schriftstellers Wolfgang Borchert steht in der Tarpenbekstraße 82.

34 Der Gehweg beim Streit's

Uraufführung der Nationalhymne

Mit dem Streit's verlor die Freie und Hansestadt im März 2013 ihr elegantestes Premierenkino. »Irma la Douce« (1963), »Einer flog über das Kuckucksnest« (1976), »Gandhi« (1983) und »Yentl« (1984) feierten an der Binnenalster deutsche Premiere.

Erbaut wurde das Haus 1837 von Christian Daniel Friedrich Streit und blieb bis zum Zweiten Weltkrieg ein Hotel. 1838 wurde der Hamburger Jungfernstieg als erste Straße Deutschlands asphaltiert. Drei Jahre später feierte das Streit's mit einer Darbietung des Männergesangvereins buchstäblich Premiere als Premierenstandort. Auf dem Gehweg vor dem Haus sang der Chor 1841 zum ersten Mal das druckfrische Lied der Deutschen vor breiter Öffentlichkeit.

Geschrieben wurde Deutschlands Nationalhymne und zugleich kontroversestes Lied 1841 auf Helgoland, damals noch britische Insel. Verfasser August Heinrich Hoffmann von Fallersleben war im 19. Jahrhundert die meistgehörte Dichterstimme des Landes. Der Germanist und Lyriker bekannte sich zu Nationalliberalismus und Demokratie und wurde dafür als Professor abgesetzt und des Landes verwiesen. Seine »Unpolitischen Lieder« erreichten die für einen Lyrikband damals wie heute außergewöhnlich hohe Auflage von 20.000 Exemplaren. Dank der leicht zu behaltenden Verse, die mit der bekannten Melodie des Kaiserliedes (später Kaiserquartetts) von Joseph Haydn unterlegt wurden, verbreitete sich sein Wort in Windeseile von Mund zu Mund. Im zersplitterten Deutschen Reich des 19. Jahrhunderts, in dem jedes Herzogtum seine eigene Hymne sang, war »Einigkeit« noch ersehnte Utopie. Fallerslebens Lied der Deutschen hat deutsche Geschichte geschrieben. Es wurde zur Revolution 1848 und 1890 bei der Übergabe Helgolands gesungen. 1922 erklärte Reichspräsident Friedrich Ebert es zur Hymne der Weimarer Republik. Die Nazis ließen nur die erste Strophe singen, nach dem Ende des Krieges wurde die dritte Strophe Nationalhymne.

Adresse Jungfernstieg 38, 20354 Hamburg-Neustadt | ÖPNV U1, U2, U4, S1, S2, S3, Haltestelle Jungfernstieg | Tipp Bestes Eis im Herzen Hamburgs gibt es an der runden Warnekebude gegenüber.

35 Das Goldbekhaus

Lysol gegen die Cholera

Drei Jahre bevor in Hamburg die Cholera ausbrach, hatten Schiffskapitän Rudolf Schülke und der Amsterdamer Kaufmann Julius Mayr-Bertheau die Firma Schülke & Mayr OHG gegründet. Im Moorfurthweg 9 stellten sie von 1889 bis 1963 das Desinfektionsmittel Lysol her. Robert Koch selbst leitete die Tauglichkeitsprüfung und gab der Firma grünes Licht. Für 50.000 Goldmark erwarb Schülke & Mayr das Weltpatent für die Herstellung von Lysol.

Bereits 1890 wurde in der damaligen Kolonie Deutsch-Ostafrika am Victoriasee eine Station zur Erprobung von Lysol eingerichtet. Ohne das Desinfektionsmittel hätten die europäischen Imperialisten in Afrika, Asien und Südamerika wahrscheinlich nicht überleben können. Während der Hamburger Choleraepidemie 1892 wurde es mit solchem Erfolg eingesetzt, dass Schülke & Mayr ein Jahr später vom Notstandskomitee der Freien und Hansestadt die Ehrenurkunde zur »Bestätigung hilfreichen Bürgertums« erhielten. 1913 brachte die Firma mit Sagrotan das erste Haushaltsdesinfektionsmittel auf den Markt. Der bis heute bekannte Markenname setzt sich aus sanus (lat. gesund) und dem Nachnamen des damaligen Schülke-&-Mayr-Geschäftsführers Arnold Groethuysen zusammen. Während des Nationalsozialismus stieg die Produktion von Desinfektionsmittelpulver um mehr als das Doppelte von 290.000 auf 725.000 Kilogramm. Dafür erhielt Schülke & Mayr vom Amt für Schönheit der Arbeit die Goldene Fahne als nationalsozialistischer Musterbetrieb. Riesige Mengen Desinfektionsmittel aus Hamburg wurden im Zweiten Weltkrieg für Lazarette benötigt.

1961 wurde das Schülke-&-Mayr-Haus an Hamburg verkauft und von der Stadt an Handwerker und Künstler vermietet. So entstand 1980/81 das Stadtteilzentrum Goldbekhaus. Bodenproben ergaben hohe Konzentrationen von Chemikalien, worauf das kontaminierte Erdreich bis in 19 Meter Tiefe saniert wurde.

Adresse Moorfurthweg 9b, 22301 Hamburg-Winterhude | ÖPNV Busse 6 und 25, Haltestelle Goldbekplatz | Tipp Für Marktfreunde ein Muss: Am Goldbekufer gibt es jeden Dienstag, Donnerstag und Samstag von 8.30 bis 13 Uhr Wochenmarkt.

36 Das Gorch Fock Haus

Seefahrt ist not

Auf der Straße donnert ein Lastwagen vorüber. Sekundenlang sind die Besucher des Gorck Fock Hauses beinahe taub. Als Werner Marquart von der Heimatvereinigung Finkenwerder e. V. wieder zu hören ist, kommentiert er: »Man hat nicht mehr das Gefühl, in Finkenwerder zu sein.« Das Airbusgelände wächst und kauft umliegende Grundstücke auf. Von Seefischerei kann auf der ehemaligen Fischerinsel wegen verstiegener deutscher Auflagen keiner mehr leben.

Am 22. August 1880 wurde Gorch Fock unter dem Namen Johann Wilhelm Kinau in Finkenwerder als erstes von sechs Kindern des Hochseefischers Heinrich Wilhelm Kinau und seiner Ehefrau Metta geboren. Fotos der Familie sieht man in der Stube. Johann Wilhelm Kinau wollte Seefischer werden, war aber körperlich zu schwach dafür. Nach einer kaufmännischen Lehre arbeitete er bei der »Zentraleinkaufsgesellschaft deutscher Kolonialwarenhändler« und wurde 1907 Buchhalter der 1847 gegründeten Hamburg-Amerikanischen Packetfahrt-Actiengesellschaft (Hapag). Seine in Finkwarder Platt geschriebenen Gedichte erschienen unter dem Pseudonym Gorch (hochdeutsch: Georg) Fock in Hamburger Zeitungen.

Mit dem 1913 erschienen Entwicklungsroman »Seefahrt ist not« gelang ihm der Durchbruch. Der Roman vermittelt in poetischer Sprache Leben und Alltag der früheren Fischerinsel. »Es war Ostern auf Finkenwärder. An den Gräben standen die Wicheln mit silbernen Katzen, und die Erlen ließen braune Troddeln im Winde wehen. Die Pappeln leuchteten im Sonnenschein und glommen wie Frühlingsbräute mit hellblonden Scheiteln.« (Vor dem Groß-Hamburg-Gesetz der Nationalsozialisten von 1937 schrieb sich die Insel der Finken mit »ä«.)

Gorch Fock starb am 31. Mai 1916 vor dem Skagerrak in der Seeschlacht zwischen der deutschen Marine und der Royal Navy. Auf der schwedischen Insel Stensholm wurde der Dichter bestattet.

Adresse Nessdeich 6, 21129 Hamburg-Finkenwerder | Öffnungszeiten jeden 1. Do im Monat 14–18 Uhr, Anmeldung auch unter Tel. 040/7426501 und 040/7427420 | ÖPNV Bus 150, Haltestelle Airbus | Tipp Auf dem spitzen Wiesenstück gleich neben dem Elternhaus stand das Haus von Gorch Focks Freund, dem Blankeneser Sezessionsmaler Eduard Bargheer.

37 Der Grenzwächtergang

Auf die Plätze, Großstadtdetektive!

Entlang der Grenze zwischen der Freien und Hansestadt Hamburg und der Nachbarstadt Altona verlief ein Grenzgang, der streckenweise mit einer Palisade gegen Schmuggel geschützt und von patrouillierenden Grenzwächtern bewacht wurde.

Der südliche Grenzverlauf folgte der Pepermölenbek, bis er die Reeperbahn erreichte. Von dort kreuzt der Grenzgang die Schmuckstraße und ist dann im Straßenblock nördlich der Simon-von-Utrecht-Straße zwischen Talstraße (ehem. Hamburger Seite) und Großer Freiheit (ehem. Altonaer Seite) wieder gut zu erkennen, aber leider seit einigen Jahren nicht mehr passierbar.

An der Nordseite des Blocks trifft er auf den Übergang von der Paul-Roosen-Straße zur Clemens-Schultz-Straße, wo sein Verlauf auf der Nordseite durch die Ausprägung des Gebäudes als Eckhaus erkennbar ist. Obwohl hier keine Straße einmündet, weist das Haus Paul-Roosen-Straße 8 einen Erker auf, der an den Konsolen mit »Porträtmasken« mit preußischer Pickelhaube geschmückt ist!

Von hier an ist der Grenzgang nicht mehr durchgehend begehbar, sondern vorwiegend durch den Verlauf der Grundstücksmauern nach Westen hin erkennbar. Erst in der Brigittenstraße zeigt er sich wieder als verglaster, zweigeschossiger Einschnitt des Neubaus an der Südseite und realer Durchgang neben dem Stadtteilkino B-Movie.

Einige Dutzend Meter nördlich der Brigittenstraße führte die Grenze in östliche Richtung und verlief an der Westseite der Wohlwillstraße und über den Pferdemarkt in die Schanzenstraße, wo er im Pflaster durch die erhaltenen historischen Grenzsteine mit den Buchstaben [A | H] für »Altona« und »Hamburg« noch erkennbar ist. Der heutige Verlauf der Grenze zwischen den Bezirken Hamburg-Mitte und Altona folgt nicht mehr dieser historischen Grenze, sondern entstand durch die Gebietsreform im Zuge des Groß-Hamburg-Gesetzes, das zum 1. April 1938 in Kraft trat.

Adresse zum Beispiel Wohlwillstraße, 20359 Hamburg-St. Pauli | ÖPNV S 1 und S 31, Haltestelle Reeperbahn | Tipp Die Bibliothek des Hamburgischen Museums, Holstenwall 24, erhellt die Hintergründe (bibliothek@hamburgmuseum.de).

38 Die Gröninger Brauerei

Vom »Brauhaus der Hanse«

Im Mittelalter war Bierbrauen in Hamburg, wie überall sonst im nördlichen Teil Europas, nebst Brotbacken, Wollespinnen und Grützekochen Hausfrauenarbeit. Gebraut wurde für den Eigenbedarf, und getrunken wurde das Bier, das damals wesentlich weniger Alkohol als heute enthielt, oft schon zum Frühstück.

Als Exportartikel wird Hamburger Bier erstmals in der zweiten Hälfte des 13. Jahrhunderts erwähnt, 1270 war es bereits der wichtigste Handelsartikel der Stadt. Begünstigt durch den Getreidepreis und angespornt vom steigenden Konsum, nahmen die Handelserfolge der Hamburger Bierbrauer bald stattliche Ausmaße an. Weißbier aus der Freien und Hansestadt wurde zum Exportschlager. Schon im Jahr 1276 haben nicht weniger als 457 Bierbrauer ihren Handel mit Norddeutschlands Lieblingsgetränk gemeldet. In der Blütezeit der Hanse stieg die Zahl der privaten Brauhäuser auf über 500 und machte Hamburger Bier zum wichtigsten Ausfuhrartikel. Koggen verschifften die Bierfässer nach Holland, Skandinavien und ins Baltikum. Über 100.000 Hektoliter in Hamburg gebrauten Biers gingen im 14. Jahrhundert auf den Markt und trugen der Stadt den Ehrennamen »Brauhaus der Hanse« ein. Insofern traf jeder Schicksalsschlag, den die Hanse einstecken musste, auch Hamburgs Bier. Konkurrierende Märkte brachten die Sonderstellung der Hanse ins Wanken.

Zu ihrer Auflösung und ihrem Ende führte im 17. Jahrhundert der Dreißigjährige Krieg. Erst die Einführung der Gewerbefreiheit 1865 ermutigte die Leute, es wieder mit Privatbrauereien zu versuchen. Es dauerte nicht lange, und Hamburg hatte als Brauereistadt wieder Wind in den Segeln.

In Gröningers Privatbrauerei, einer der ältesten von Hamburg, spürt der Besucher noch die Glanzzeit Hamburgs als Brauereistadt. Schon 1793 wurde hier Bier gemacht. Heute kann der Gast Gröninger Pils im Brauhaus oder im Keller selbst aus alten Holzfässern zapfen.

Adresse Willy-Brandt-Straße 47, 20457 Hamburg-Altstadt | **Öffnungszeiten** Mo–Fr ab 11 Uhr, Sa und Feiertage ab 17 Uhr, So 15–22 Uhr | **ÖPNV** U 1, Haltestelle Messberg | **Tipp** Die Willy-Brandt-Straße runter Richtung Trostbrücke kommt die Straße Neue Burg. Hier baute um 1066 Billungerherzog Ordulf seine Wallburg. Historisch stellte sie das profane Gegenstück zum Bischofsturm dar, dessen Fundament im Parterre von Dat Backhus neben der Petrikirche zu sehen ist.

39 Der Hafenlieger Caesar

Schwimmendes Museumsdorf der Hafenlieger

Heute scheint es selbstverständlich, dass Güter von überall her in Containern im Hamburger Hafen eintreffen. Lastkräne heben die gewaltigen Kisten, schwenken sie meterhoch durch die Luft und setzen sie ab. So wird mehr Ware in kürzerer Zeit verfrachtet als in der guten alten Zeit. Doch mit dem Siegeszug des Containers ist eine Ära der Hafenarbeitsgeschichte zu Ende gegangen, die zwar nicht besser und natürlich erst recht nicht effizienter, aber dafür sehr viel schöner war als heute.

Ehe der Güterverkehr in den 1960er Jahren auf Container umgestellt wurde, kamen Waren aus aller Welt im Hamburger Hafen als Stückgut an. Kaffee und Weizen in Säcken, Tuch und Flachs zu Ballen gebunden, Rum in Fässern und Tee in Kisten. Kräne gab es natürlich auch schon, doch der größte Teil der Ware wurde von Hand gelöscht. Schauerleute besorgten das Be- und Entladen der Frachtschiffe von flachen, offenen Lastkähnen, den Ewern oder Schuten, aus. Viele von ihnen waren ehemalige Seeleute, die sich ihr Geld nun als Tagelöhner verdienten. Der Ewerführer überwachte das Löschen der Ladung, war für den weiteren Transport der Ware auf Fleeten und Kanälen zu den Lagerhäusern der Speicherstadt verantwortlich und bestätigte gegenüber den Tallymännern genannten Ladungskontrolleuren, dass die Fracht heil und vollständig war.

Je nach Einsatz waren Hamburgs Hafenlieger sowohl Geschäftsstelle als auch Mannschaftsraum der Ewerführer sowie Werkstatt und schwimmende Anlegestelle für die Schuten. Um die Lieger fortzubewegen, wurden sie von Schleppern gezogen, eigene Antriebskraft hatten sie nicht.

Der Hamburger Hafenliegerverband HHLV hält ein Lieger-Ensemble aus sieben schwimmenden Gebäuden und drei Pontons instand, alle aus den Jahren 1892 bis 1928. Der Hafenlieger Caesar wurde 1902 gebaut. Er ist 200 Quadratmeter groß und steht seit 2007 unter Denkmalschutz.

Adresse Spreehafen Hamburg, 20539 Hamburg-Kleiner Grasbrook | ÖPNV Fähre 73, Haltestelle Ernst-August-Schleuse | Tipp Eine Empfehlung von Tim Mälzer ist das Fährrestaurant Zum Anleger, Vogelhüttendeich 123, 21107 Hamburg (geöffnet Di–Sa ab 17 Uhr).

40 Die Hafenstraßenhäuser

Liekedeeler der 80er

Hafenstraße und Piratensender Radio Hafenstraße waren in den 1980er Jahren berühmt und berüchtigt. Nie wieder stand Hausbesetzung so schlagzeilenstark im Mittelpunkt des öffentlichen Interesses. Von Seiten der Hamburger gab es Zustimmung für die Besetzer der damals leer stehenden Häuser und ihre Entschlossenheit, in St. Pauli Stadtgeschichte zu bewahren.

Ein Baugutachten, das Unbewohnbarkeit feststellte, sollte der SAGA einen Grund liefern, die Häuser abzureißen und die Grundstücke mit Profit zu verkaufen. Daraufhin wurden die Hafenstraßenhäuser nach einer Silvesterparty 1981/82 besetzt, was der Eigentümerin den Winter über erst mal nicht auffiel. Dafür wurde im Frühjahr geräumt. Doch schon nach zwei Tagen waren die Häuser wieder »instand besetzt«. Die SAGA schoss ein Eigentor, als sie das Erdgeschoss eines Hafenstraßenhauses zumauern ließ, denn die Bewohner reagierten, indem sie den Eingang der SAGA-Verwaltung zumauerten. Hamburg lachte, wie Jahre später, als die Bewohner inakzeptable Mietverträge einheitlich mit »B. Setzer« unterzeichneten.

1986 entstand das Wandbild von Grafiker Harald Rosenberg. Auf die Brandschutzmauer der Bernhard-Nocht-Straße 16 malte er eine schwarz-rot-goldene BRD-Banane mit Mickymaus-Augen, die Stiefel mit Stars and Stripes der US-Flagge gemustert. Darunter sah man Hanns Martin Schleyer als Geisel. Die Sympathiebekundungen der Hausbesetzer für die RAF während des Deutschen Herbstes waren gesellschaftspolitisch kurzsichtig.

Auf einer Großdemonstration für die Hafenstraße wurden im Dezember 1986 hundert Polizeibeamte verletzt. Danach schien keine Verständigung zwischen Senat und Besetzern mehr möglich. 5.000 Polizisten standen zur Stürmung der verbarrikadierten Häuser bereit. Klaus von Dohnanyi erwirkte in letzter Minute eine friedliche Lösung. Er wurde dafür mit der Theodor-Heuss-Medaille geehrt.

Adresse St. Pauli Hafenstraße, 20359 Hamburg-St.Pauli | **ÖPNV** Bus 112, Haltestelle St. Pauli Hafenstraße | **Tipp** Nicht ganz optimal saniert, aber trotzdem ein Anblick ist das Pastorat der St.-Pauli-Kirche, Pinnasberg 81.

41 Die Hamburger Patriotische Gesellschaft

Reformatoren des Sozialwesens

Das Gründungsjahr 1765 der Gesellschaft fällt in die Zeit der beginnenden Industrialisierung. Aus Handwerkern, Bauern und Knechten, die ihre Arbeitskraft, das Einzige, was sie hatten, gegen niedrigste Löhne anbieten mussten, entstand eine neue, recht- und besitzlose Arbeiterklasse: das Proletariat. Ein Arbeitstag dauerte 14 bis 16 Stunden, ohne dass der Lohn reichte, eine Familie zu ernähren. Also mussten auch Frauen und Kinder arbeiten, für einen noch geringeren Lohn als die Männer. Damals stellte die Hamburger Patriotische Gesellschaft die erste kommunale Sozialplanung auf die Beine.

Caspar Voght, selbst Mitglied der Hamburger Patriotischen Gesellschaft, bedauerte, dass sich Hamburgs Obrigkeit nur mit »mäßigem Eifer« dieser Aufgabe widme. Es herrschte der Eindruck, dass die kirchliche Armenhilfe zu viele Bettler anzog. Vor dem Hintergrund, dass viele Bedürftige, die Armengeld erhielten, Arbeit suchten, war die Hilfe nicht effizient genug.

1788 gründete die Gesellschaft, deren Mitglieder auch in der Stadtverwaltung saßen, unter Kaufmann Caspar Voght die Hamburgische Armenanstalt. Die Stadt wurde in sechs Hauptbezirke zu je zwölf Quartieren eingeteilt, und für jedes wurden drei Armenpfleger gewählt. Diese holten Angaben über Gesundheitszustand und den Grad der Verarmung jedes Bedürftigen ein und erstellten ein Armenregister. Die Hamburgische Armenanstalt sorgte für finanzielle Unterstützung, ärztliche Hilfe während Schwangerschaft und Entbindung, stellte Armenärzte und -apotheker in jedem Bezirk und kümmerte sich um Unterricht für die Kinder des Proletariats. 1827 wurden bereits 2.600 Kinder unterrichtet. Ergebnis war, dass nicht nur die Menge der Bedürftigen und die Ausgaben der Stadt für Armenhilfe sanken, sondern auch die Zahl der Insassen im Hamburger Zuchthaus.

Adresse Trostbrücke 4–6, 20457 Hamburg-Altstadt | Öffnungszeiten Mo–Do 9–17 Uhr, Fr 9–14.30 Uhr | ÖPNV U 3, Haltestelle Rödingsmarkt | Tipp 500 Meter von der Trostbrücke entfernt liegt die Deichstraße, in der 1842 der Große Hamburger Brand ausbrach.

42 Das Hamburger Puppentheater

Das Wunder der Phantasie

In den 1920er Jahren begegneten sie sich eines herbstlichen Nachmittags auf dem Jungfernstieg. Es war Liebe auf den ersten Blick, und fortan liebten sich die beiden in fremden Ateliers, in den Wohnungen zufälliger Bekannter, in Wartesälen, in Bahnwaggons, in Treppenhäusern und im Sommer am Strand des Lotsendorfes Oevelgönne. Das Wo war egal, das Wie »ein einziges Ineinander-Verschweben«, erinnert sich Grafiker und Dichter Hans Leip an seine Zeit mit der zierlich-verhexenden Puppenspielerin Claire Popp (plattdeutsch: Puppe). Zusammen gründeten sie die Hamburger Puppenspiele. Die Puppenbühne baute ihnen Architekt Kurt F. Schmidt. Anlässlich eines Hamburger Künstlerfestes kam es zur einzigen Aufführung des selbst geschriebenen Stückes »Der betrunkene Lebenskelch«.

Erst zwei Jahrzehnte später nahmen 1942 die Gründer des Hamburger Puppentheaters den Faden wieder auf. Mitten in Not und Unruhe des Krieges wollten sie die verängstigten Kinder ein bisschen ablenken und aufmuntern.

Mit der Bewältigung von Krisensituationen ist das Haus bis heute vertraut. Nach dem Schockergebnis Hamburgs beim Pisa-Test gerieten Lehrkräfte unter Druck. Gefordert wurde ein rein kognitives Training, um Kinder wettbewerbsfähig zu machen, und nichts schien dabei so wenig relevant wie haptisch-sinnliche Erfahrungen im Unterricht. Da wurde das Hamburger Puppentheater über seine feste Spielstätte hinaus zur mobilen Phantasiemission an Hamburgs Schulen. Mit einfachsten Mitteln bauen Theaterleiter Peter Räcker und die Kinder Handpuppen und beginnen zu spielen. Unter ihrer Anleitung erwacht die Kinderphantasie, und die selbst gebaute Puppe wird lebendig. Und dabei geschehen Wunder. »Der Autist spricht plötzlich, der Stotterer spricht frei«, erzählt Peter Räcker.

Adresse Alsterdorfer Straße 185, 22297 Hamburg-Alsterdorf | ÖPNV Bus 109, Haltestelle Wilhelm-Metzger-Straße | Tipp Globetrotter am Bahnhof Barmbek hat eine Ankleidekammer mit minus 10 Grad Celsius Temperatur zum Testen von Daunenjacken und Schlafsäcken.

43 Die Hamburger Sternwarte

Reise in den Weltraum

Die Hamburger Sternwarte war über hundert Jahre alt, als 1909 das heutige Gebäude, es war bereits das dritte, am Standort Bergedorf gebaut wurde. Die erste Hamburger Sternwarte stand auf der Albertusbastion am Stintfang, einem Teil der alten Befestigungsanlagen der Stadt. Ihr Leiter Johann Georg Repsold erregte mit seinen selbst entwickelten astronomischen Instrumenten so großes Aufsehen, dass selbst Christian Heinrich Schumacher, Begründer der »Astronomischen Nachrichten«, aus der Altonaer Sternwarte zum Beobachten beim Hamburger Kollegen vorbeischaute. Nach dem Abriss in der Franzosenzeit wurde die Sternwarte auf der Henricus-Bastion am Millerntor neu gebaut und 1825 unter Direktor Repsold eröffnet. Nach seinem Tod übernahm die Stadt die bislang privat geführte Hamburger Sternwarte. Zu ihren Aufgaben gehörte damals die Bestimmung der exakten Uhrzeit. Die Uhrenanlage des Observatoriums steuerte mehrere Normaluhren der Stadt und ab 1876 den neu gebauten Hamburger Zeitball am Kaispeicher A im Hafen, der auslaufenden Schiffen die genaue Zeit gab, um ihnen die Längengradbestimmung auf See zu ermöglichen. Von der Hamburger Sternwarte aus wurden auch die Zeitbälle in Bremerhaven und Cuxhaven gesteuert.

Gegen Ende des Jahrhunderts behinderten in der rasant wachsenden Stadt rauchende Schornsteine und das Streulicht der beleuchteten Straßen die Beobachtung des Nachthimmels so stark, dass die Hamburger Sternwarte verlegt werden musste. Das alte Observatorium wurde abgerissen und am selben Standort das Museum für Hamburgische Geschichte gebaut. 1912 wurde die neue Sternwarte in Bergedorf eingeweiht. Der estländische Optiker Bernhard Schmidt entwickelte hier (obwohl ihm ein Arm fehlte) mehrere Teleskopsysteme und optimierte die Plattenfotografie. Seine Schmidt-Kamera, ein zur Sternenfotografie konzipiertes Spiegelteleskop, wurde eine Weltsensation.

Adresse Gojenbergsweg 112, 21029 Hamburg | Öffnungszeiten Führungen: Sa 14 und 16 Uhr, So 12 und 14 und 16 Uhr | ÖPNV Bus 332, Haltestelle Sternwarte Besucherzentrum oder Sternwarte Universität | Tipp Auf dem Gelände hat das Café Raum & Zeit am Wochenende von 10 bis 18 Uhr geöffnet.

44 Der Hansabrunnen

Was hat das alles mit der Hanse zu tun?

Über den Brunnen auf dem Hansaplatz, den Bildhauer Engelbert Pfeiffer 1878 im Auftrag der Hanseatischen Baugesellschaft errichtete, wird leider nur noch im Zusammenhang mit Alkoholikern und Prostituierten gesprochen. Dabei zeigt der über 17 Meter hohe Brunnen vier historische Persönlichkeiten, die Hamburg zu dem gemacht haben sollen, was es heute ist (was sie sich hier, am Hansaplatz, sicher nicht gern nachsagen ließen).

Die Geschichtswerkstatt St. Georg hat sich ausführlich mit den Widersprüchlichkeiten des Hansabrunnens auseinandergesetzt. Thema des Entwurfs von Pfeiffer ist natürlich die Hanse, doch was haben Kaiser Konstantin, Karl der Große, Erzbischof Ansgar und Adolf III. mit dem norddeutschen Kaufmannsbündnis zu tun? Am ehesten lässt sich noch für Graf Adolf III. von Schauenburg ein Bezug finden. Angeblich soll ihm 1189 Kaiser Barbarossa als Dank für seine Teilnahme am Kreuzzug den berühmten Freibrief ausgestellt haben, der zur Gründung des Hamburger Hafens führte.

Auch die Auswahl der dargestellten Wappen verwundert. Zu sehen sind die Embleme Lübecks, Hamburgs und Bremens. So einflussreich diese drei Städte auch waren, umfasste die Hanse doch insgesamt etwa 200 Hafen- und Handelsstädte. Da entsteht bei einer so kleinen Auswahl doch ein etwas schiefes Bild.

Am merkwürdigsten ist aber der Wappenadler des Deutschen Reiches von 1871. Wenn man bedenkt, dass der Brunnen nur sieben Jahre nach Reichsgründung gebaut wurde, scheint die Vermutung Volker Plagemanns absolut plausibel, der zufolge man das Zeichen des jungen Deutschen Reiches hinzufügte, um den Eindruck zu vermeiden, der Brunnen deute einen Separatismus des Hansebundes an. Obwohl viele Jahrhunderte älter, sollte er als fester Bestandteil des Reiches vermittelt werden. Die Hansa, eine Allegorie der Macht der Hanse, steht gelassen drüber, den goldenen Dreizack fest im Griff.

Adresse Hansaplatz, 20099 Hamburg-St.Georg | ÖPNV S1, S2, S3, S11, S21, S31, Haltestelle Hauptbahnhof | Tipp Die Geschichtswerkstatt St. Georg e. V., Hansaplatz 9, beantwortet Fragen und bietet Interessenten einen fundierten Einstieg in die Geschichte des Viertels (geöffnet Do 17–19 Uhr).

45 Das Hansa-Theater

Josephine Baker war da

War das ein Zauber, als Kind im Hansa-Theater zu sitzen. Schummrig leuchtende, seidenbespannte Nachttischlämpchen auf Tischen mit verschnörkelten Goldgittern. Im Halbdunkel die Speisekarte lesen und bei der Kellnerin Cola bestellen. Das dickste Stück Aal vom Theaterteller abkriegen. Mit vollem Mund zugucken, wie vorn im weißen Scheinwerferlicht der pomadisierte Messerwerfer blitzende Klingen aufs funkelnde Paillettentrikot einer ungerührt lächelnden Schönen abfeuert. Und sehnsüchtig träumen, wenn man mal groß wäre, so ein Trikot zu tragen und mit einem Messerwerfer um die ganze Welt zu reisen …

Den 1878 erbauten Hansa Concert Saal ließ Paul Wilhelm Grell zu einem Varieté umbauen und eröffnete 1894 das Hansa-Theater, das bis heute im Besitz der Familie ist. Bei den Luftangriffen auf Hamburg wurde die alte Spielstätte zerstört. Kurt Grell, der das Haus in zweiter Generation leitete, baute es am selben Platz wieder auf.

Eine Chance zum ganz großen Durchbruch – wie es im Jahr 1960 das Indra in der Großen Freiheit für die damals noch fast unbekannten Beatles war – wurde das Varieté am Steindamm 1964 für das heute berühmteste Dompteurduo der Welt: Siegfried und Roy hatten ihren ersten Hamburgauftritt im Hansa-Theater und kamen 2009 als Weltstars und alte Freunde des Hauses zurück. Sie fanden alles vor wie früher. Am Design des Saals hat sich seit 1953 nichts geändert. Künstlerische Leiter sind seit der Neueröffnung Thomas Collien und Ulrich Waller. Colliens Großvater, der das St. Pauli Theater geleitet hatte, war der legendäre Impresario und Gründer des Circus Grock Kurt Collien, der auf die Frage, wen er in den 1950er und 1960er Jahren so alles an Berühmtheiten nach Hamburg geholt hätte, zurückgab: »Fragen Sie mich besser, wen ich nicht gehabt habe.« Dem Grandseigneur selbst fielen da nur Edith Piaf, Herbert von Karajan und Louis Armstrong ein.

Adresse Steindamm 17, 20099 Hamburg-St. Georg | ÖPNV S1, S2, S3, S11, S21, S31, Haltestelle Hauptbahnhof | Tipp Gegenüber vom Museum für Kunst und Gewerbe gibt es im Hauptbahnhof einen Open-Air-Blumenladen mit klassischer Musik.

46 Die Harburger Schlossinsel

Spaziergang an Stichkanälen

Man muss lange suchen, um in der Stadt einen wilderen und abenteuerlicheren Ort zu finden als die Harburger Schlossinsel. Zwischen Industrieanlagen, alten Werften mit rostigen Schiffen und stillgelegten Gleisanlagen kann man stundenlang mit Fahrrad und Fotoapparat auf Entdeckungsreise und Motivsuche gehen. Der Himmel voller Möwen und knatternder Flaggen, dazwischen der flammende Schornstein der Raffinerie. Weithin riesige Freiflächen, am Wasser reihenweise alte Lagerschuppen. Manche sitzen stundenlang am Kai und angeln. Der Blick rüber nach Harburg fällt auf modernste Bürogebäude, direkt nebendran liegen halb verfallene Klinkerspeicher, die Scheiben eingeworfen oder blind geworden.

Der Hafen ist geschleust, also tideunabhängig. Leider führt trotzdem kein Rundweg um das 70 Millionen Euro teure Bauprojekt »Marina auf der Schloßinsel«, eine spärlich bewohnte Baustelle der Luxusklasse. Wüste Schlamperei an den Hausfassaden brachte dem Bauinvestor runde sechs Millionen Euro Zusatzkosten.

Lotsekai und Lotseplatz sind das Filetstück der Insel. Der gelbe Liebherr-Kran aus den 1970er Jahren war nach einem Tornado im Harburger Hafen völlig hinüber. Seine Instandsetzung, die 2010 abgeschlossen war, machte den Veteranen, der nicht nur gut aussieht, sondern jetzt auch wieder alles kann, was ein Kran können muss, zum voll funktionsfähigen, denkmalgeschützten Kulturkran. Unter ihm schaukelt Undine auf dem Wasser. Das kleinste Segelfrachtschiff im deutschen Register fährt seit über 80 Jahren regelmäßig für die Hamburg-Sylt-Linie. Vom Hamburger Hafen über Unterelbe und Deutsche Bucht bis zum Wattenmeer nimmt Undine alles mit, was nach Sylt muss, Reisende natürlich auch.

Das Harburger Schloss war der Entstehungskern der Siedlung Harburg. 1137 wurde es erstmals als Horeburg (Burg im Sumpf/Moor) urkundlich erwähnt. Der heute noch vorhandene Flügel wurde 1900 zu einem Arbeiterwohnhaus umgebaut.

Adresse Harburger Schlossinsel, 21079 Hamburg-Harburg | ÖPNV Busse 142, 157, Haltestelle Blohmstraße | Tipp Eine Stammkneipe zum Zu-Hause-Fühlen ist das Harburger Fährhaus »Bei Rosi«, Dampfschiffweg 21 (geöffnet Mo–Fr 11–22 Uhr, Sa und So 10–22 Uhr).

47 Harburgs versenkte Stele

Jochen Gerz in Harburg

Hamburgs Widerstand gegen den Nationalsozialismus kam im Wesentlichen aus der Arbeiterbewegung. Der heutige Stadtteil Harburg war in den 1930er Jahren eine Hochburg der SPD und KPD. Das versenkte Mahnmal gegen den Faschismus haben der Berliner Künstler Jochen Gerz und seine Frau Esther Shalev-Gerz entworfen. Am 10. Oktober 1986 wurde die zwölf Meter hohe, mit Blei ummantelte Stele eingeweiht. Wer hinkam, war aufgefordert, den eigenen Namen ins weiche Metall zu ritzen und damit symbolisch gegen den Faschismus zu unterzeichnen. Auch Kommentare oder Gebete durften eingeritzt werden. War der erreichbare Teil des Mahnmals bedeckt, wurde er in den Boden eingelassen. Achtmal wurde die Säule abgesenkt und verschwand sieben Jahre später, mit 70.000 Kommentaren und Unterschriften versehen, für immer im Boden. Am Ende stand doch wieder »Ausländer raus« drauf, neben Liebesherzen, Hakenkreuzen und sogar der Spur eines Schusses.

Ehepaar Gerz wollte mit dem Konzept des verschwindenden Denkmals die Hoffnung zum Ausdruck bringen, dass antifaschistische Mahnmale eines Tages nicht mehr nötig sein würden. Gleichzeitig lässt sich die versenkte Stele als Symbol für unbetrauerte Vergangenheit und Widerstand gegen Erinnerung deuten. Oder als Ausdruck des Wunschdenkens, den deutschen Faschismus endlich zu begraben.

»Die Teilung der Welt in Künstler und Betrachter gefährdet die Demokratie«, sagt Jochen Gerz, der keine Museumskunst mag. »Ich will, dass die Menschen die Wirklichkeit so angucken, als würden sie einen Picasso angucken.« Jede Arbeit beginnt er mit einem Aufruf zur Bürgerbeteiligung und verwirklicht so die Idee der »sozialen Plastik« von Joseph Beuys, mit dem er sich 1976 den deutschen Pavillon auf der Venedig-Biennale teilte. »Meine Kunst hat mit Handeln zu tun«, sagt Gerz; und gehandelt wird ihm zu wenig in Deutschland.

Adresse Harburger Ring, Ecke Hölertwiete, 21073 Hamburg-Harburg | ÖPNV S 3, S 31, Haltestelle Harburg Rathaus | Tipp Wie das Mahnmal gehört auch Ernst von Bandels Schillerbüste auf dem Sand heute zum Harburger Kunstpfad.

48 Das Haus von Gutschow

Architekt des Elbufers

Verglichen mit Berlin und München scheint es in Hamburg wenig bis keine monumentalen Prestigebauten der Nazis zu geben. Dadurch entstand in der Öffentlichkeit der Eindruck, Hamburg sei vom Nationalsozialismus halbwegs verschont geblieben, was gut zum hanseatischen Selbstbild einer geistig unabhängigen, weltoffenen Stadt passt. Leider sah die Realität des Faschismus anders aus. Hamburgs Weltoffenheit als Hafenstadt war aus militärstrategischer Sicht das Hauptmotiv für die Nationalsozialisten, aus der Freien und Hansestadt in rasantem Tempo eine »Führerstadt« zu machen. Entsprechend erging 1939 ein »Erlass des Führers über städtebauliche Maßnahmen in der Hansestadt Hamburg«. Weit mehr stadtplanerische Vorhaben, als verwirklicht werden konnten, wurden während der Diktatur von Hamburgs Architekten konzipiert.

Von ihnen genoss kein Zweiter so sehr das Vertrauen Adolf Hitlers wie der 1902 in Hamburg geborene Konstanty Gutschow, den Karl Kaufmann zum »Architekten des Elbufers« machte. Nach seinen Entwürfen sollten unter anderem das 250 Meter hohe Gau-Hochhaus (zum Vergleich: die alte Nikolaikirche ist 147,3 Meter hoch) und eine monumentale Hochbrücke an der Elbe gebaut werden.

Privat zog der »Architekt zur Umgestaltung des Elbufers« einen traditionell-heimatverbundenen Stil vor. In sicherer Entfernung zum bombengefährdeten Stadtkern steht in Rissen sein ehemaliges Refugium.

Im Rahmen der Entnazifizierungsverfahren untersagte ihm die britische Militärregierung jede weitere Tätigkeit für öffentliche Auftraggeber. Doch Stadtbaurat Rudolf Hillebrecht holte Gutschow in die »Aufbaugemeinschaft Hannover«, für die er das heute denkmalgeschützte Continental Hochhaus (»Conti Campus«) entwarf. Auf Betreiben des Architekten Friedrich Tamms verlieh die nordrhein-westfälische Landesregierung Konstanty Gutschow 1964 den Professorentitel.

Adresse Gudrunstraße 69, 22559 Hamburg-Rissen | ÖPNV S 1, Haltestelle Rissen | Tipp Am Melkerstieg 16 in Rissen steht die ehemalige Villa von Schauspiellegende Hans Albers.

49__Das Heine-Haus

Auf den Spuren Salomon Heines

Vom Altonaer Balkon aus hat man einen herrlichen Blick auf die Elbe und den Köhlbrand. Von dort aus lässt sich der Spaziergang durch den Heinepark fortsetzen. An der Elbchaussee steht das weiße Gartenhaus von Salomon Heine. Zum Landsitz des großen Hamburger Bankiers und Wohltäters der Stadt gehörte ursprünglich auch eine große Villa mit gläserner Orangerie. Heine kaufte das Anwesen 1812 und machte seinen Sommersitz daraus. Sein Neffe Heinrich Heine, der zu sagen pflegte, Göttin Fortuna habe seinen Onkel zum Millionär und ihn selbst zum Gegenteil, nämlich einem Dichter, gemacht, nannte das Anwesen seines Onkels »die Affrontenburg«. Trotzdem war er oft und gern zu Gast. Leider verfiel die Sommervilla nach Salomon Heines Tod und wurde 1880/81 schließlich abgerissen.

Dafür überstand das klassizistische Gartenhaus den großen Hamburger Brand, bei dem Heine sein Stadthaus am Jungfernstieg verlor, ebenso wie den Zweiten Weltkrieg und ist heute, als letzter übrig gebliebener Baubestand des Heine'schen Anwesens, noch wie im Jahr seiner Erbauung 1832 erhalten. Im hellen weiß-goldenen Gartensaal im Parterre hielt sich Salomon Heine gern selbst auf, den oberen Teil des Hauses bewohnte sein Gärtner. Mondäne Gesellschaften gab der Hamburger Bankier, der als Jude keine Bürgerrechte genoss, in seiner Sommervilla. Das Gartenhaus dagegen, das 1962 unter Denkmalschutz gestellt wurde, war sein stilles Refugium.

Nach dem Krieg bekam die Wohnungsbaugesellschaft SAGA das Häuschen. Es wurde zur Unterkunft für Gastarbeiter und verfiel zusehends, bis sich Nachbarin Helene Gropp entschloss, einen Leserinnenbrief an die WELT zu schreiben, damit endlich etwas für den Erhalt des Gebäudes getan würde. Sie hatte Erfolg. Im Dezember 1975 gründete eine Initiative den Verein Heine-Haus e. V., dem es gelang, das Gebäude in Erbpacht von der Hamburger Finanzbehörde zu übernehmen.

Adresse Elbchaussee 31, 22765 Hamburg-Ottensen | **ÖPNV** Bus 36, Haltestelle Susettestraße | **Tipp** In der Simon-von-Utrecht-Straße 4a steht das ehemalige Israelitische Krankenhaus, das Salomon Heine im Andenken an seine Frau bauen ließ.

50 Der HERA-Turm

DESY-Technologie als Spielplatz

Seine Farben sind sommerlich, strahlendes Blau und leuchtendes Weiß, man denkt gleich an ein Freibad. Im wahrsten Sinn des Wortes ein ganz großes Geschenk der Kernphysiker vom DESY (Deutsches Elektronen-Synchrotron) an die Kinder von Lurup und alle, die hoch hinauswollen. Der 25 Meter hohe Turm gehört jetzt offiziell zum Spielplatz Vorhornweg im Altonaer Volkspark, wo der alte DESY-Vermessungsturm zur Kletteranlage ausgebaut wird – so etwas gibt es weltweit wohl nirgends außer in Hamburg.

Dabei ist der Turm auf der ganzen Welt bekannt, zumindest unter Kernphysikern. Denn 175 Institute aus 38 Ländern waren an Forschungsarbeiten des Großprojekts HERA beteiligt. Die Hadron-Elektron-Ringanlage war Deutschlands größtes Forschungsgerät. Ihre Beschreibung liest sich wie ein Science-Fiction-Roman. Ein gigantischer ringförmiger Betontunnel, ausgefüllt mit chromblitzenden Röhren und einer Gesamtlänge von 6.300 Metern, führt HERA in sieben Stockwerken tief unter dem Altonaer Volkspark, die Trabrennbahn und diverse Wohngebiete und Straßen Lurups entlang. Die weltweit einzigartige, milliardenschwere Anlage funktionierte wie ein riesiges Elektronenmikroskop, das Physikern Einblick ins Innere des Protons gab.

Auf subatomarer Ebene sollte die Antwort auf eine Frage gefunden werden, die einfach genug klingt, auf dem Spielplatz gestellt zu werden: Was ist eigentlich Materie? Ein Sandkorn aus dem Buddelkasten? Das Partikelchen, dem 3.000 Forscher aus aller Welt mit Hilfe von HERA nachspürten, müsste natürlich viel, viel kleiner sein, subatomar klein. Sein Name lautet »Higgs-Boson«, und im Ringtunnel HERA sollte die Beobachtung höchster Protonen-Beschleunigung zeigen, ob dieses Higgs-Boson nachweisbar wäre. Seit 2007 wird HERA zwar nicht mehr betrieben, doch die Auswertung der umfangreichen Messungsergebnisse wird das DESY noch viele Jahre lang beschäftigen.

Adresse Spielplatz Vorhornweg, Volkspark Altona, 22525 Hamburg-Bahrenfeld | **ÖPNV** Bus 22, Haltestelle Farnhornweg | **Tipp** Für Führungen durch das DESY, Notkestraße 85, kann man sich unter Tel. 040/89983613 anmelden.

51 Die Hong Kong Bar

Chong Tin Lam und St. Pauli

Der junge Chinese kam 1926 mit 19 Jahren nach Hamburg. Er war als Schiffskoch zur See gefahren und sollte in der Schmuckstraße das Lokal seines Onkels übernehmen. Doch stattdessen eröffnete er ein eigenes Restaurant, das bis heute als letzte erhaltene Gastwirtschaft der historischen Hamburger Chinatown existiert. Chong Tin Lams erstklassige Küche machte ihn in St. Pauli berühmt. Doch die Hamburger Polizei ließ ihn nicht in Ruhe. Chinesen waren den Beamten verdächtig, weil sie ihre Papiere nicht lesen konnten und hinter jedem ihrer Lokale einen Schmuggelladen oder eine Opiumhöhle argwöhnten. Dann kamen die Nazis an die Macht, und die Razzien in Chinatown wurden zum täglichen Terror.

Chong Tin Lam verliebte sich in eine Deutsche und wurde 1942 Vater einer Tochter, Marietta. Die Mutter verließ Mann und Kind kurze Zeit später. Um Marietta in Sicherheit zu bringen, gab Chong Tin Lam die Kleine nach Heidelberg in die Hände einer Freundin. Es war buchstäblich Rettung in letzter Minute.

Im Mai 1944 kam es zur sogenannten Chinesenaktion unter Kommando von Erich Hanisch, bei der 200 Gestapobeamte Bars, Restaurants und Privatwohnungen der chinesischen Community überfielen und über hundert Chinesen wegen angeblicher Feindbegünstigung in Schutzhaft nahmen. Ohne Gerichtsverfahren steckten die Nazis Chong Tin Lam ins KZ Fuhlsbüttel und folterten ihn. Noch kurz vor Kriegsende kam er ins Arbeitserziehungslager Nordmark am Stadtrand von Kiel.

Als der Krieg vorüber war, kehrte Chong Tin Lam mittellos nach Hamburg zurück. Die Nazis hatten sein Leben zerstört. Er erhielt 600 Reichsmark vom Amt und begann von vorn. Die deutsche Sprache mochte er nach dem Krieg lange nicht sprechen, obwohl er sie gut beherrschte. 1949 erhielt er erneut die Konzession für sein Restaurant, das er bis zu seinem Tod im Jahr 1981 führte. Seine Tochter Marietta betreibt heute die Bar ihres Vaters als Hotel.

Adresse Hamburger Berg 14, 20359 Hamburg-St. Pauli | ÖPNV U3, Haltestelle St. Pauli | Tipp Im Chinagarten des Botanischen Gartens Klein Flottbek sind die Wege nach Feng Shui angelegt.

52 Die Honigfabrik

Komm in die Hofa

»Honigfabrik« klingt einfach schöner als »Margarinefirma«. – Und schließlich war in dem alten Gebäude aus dem Jahr 1906 nicht nur eine Margarinefirma untergebracht, sondern bevor es als Kulturhaus Wilhelmsburg bekannt wurde kurzzeitig auch eine Honigfabrik. In den 1970er Jahren standen die Hallen leer. Ein Jugendzentrum fehlte Wilhelmsburg, und die Elbinsulaner verwirklichten es mit geballtem Engagement, nicht weniger als 13 Initiativen schlossen sich damals zu einer Arbeitsgemeinschaft zusammen. In nur zwei Jahren verwandelte sich die alte Fabrik in ein Kulturhaus mit magnetischer Anziehungskraft. Hinter der knallig bunten Glasfassade ist in 40 Jahren ein künstlerisches Kraftwerk entstanden, das Wilhelmsburg mit kreativer Energie auflädt. Von Anfang an waren die Kinder mittenmang dabei, aber nicht bloß malend und spielend, sondern mit Ausstellungen zu Rassismus und friedlichem Zusammenleben im Stadtteil. Die Jugendtheatergruppe bringt bissige Gesellschaftskritik auf die Bühne. Da saßen Theaterprofis im Publikum und waren begeistert.

Weil die Elbinsel an der Süderelbe eine turbulente Geschichte hat, die bewahrt und erzählt werden will, ist die Wilhelmsburger Geschichtswerkstatt schon vor einem Vierteljahrhundert mit umfangreichen Kartensammlungen, Zeitdokumenten und ihrer gesamten Bibliothek in die Honigfabrik gezogen. Das Archiv umfasst die Hafen- und Industriegeschichte von Wilhelmsburg. Seit Jahren sind die Führungen und Rundfahrten durch den Stadtteil gut besucht. Die Mitarbeiter der Geschichtswerkstatt wissen nahezu alles über Einwanderung, Architektur und Alltagskultur des Viertels. Es ist die Tradition mündlicher Überlieferung, die die Anziehungskraft der Rundgänge ausmacht. Gerade im Gespräch mit Zeitzeugen wird, was früher hier passiert ist, lebendig, und alltäglich gewordene Anblicke werden zu historischen Spuren, die man lesen und entziffern kann.

Adresse Industriestraße 125–131, 21107 Hamburg-Wilhelmsburg | ÖPNV Bus 156, Haltestelle Industriestraße | Tipp Auch ein selbst organisiertes Projekt: In der Veringstraße 147 liegt der Interkulturelle Garten von Wilhelmsburg.

53 Die Jägerpassage

Wertkonservativ waren die Autonomen

»Da wohnen nur Ratten«, verteidigte die Stadt Hamburg aggressiv ihre Behauptung, die Häuser in der Jägerpassage seien unbewohnbar und für den Abriss überfällig. Prompt – und nicht ganz ohne Genugtuung – titelte die konservative FAZ am 11. Februar 1989: »Die Hamburger Sozialdemokraten beseitigen mit der Abrissbirne ihre eigene Vergangenheit«. Historisch zutreffend. Als Sozialdemokratische Arbeiterpartei hat die SPD 1869 angefangen. Mit der Jägerpassage entstand in den 1860er Jahren erstmals sozialer Wohnungsbau für Hamburger Arbeiterfamilien. Heute ist die Jägerpassage eines der letzten erhaltenen Beispiele des frühindustriellen Arbeiterwohnungsbaus. Autonome Initiativen aus St. Pauli erkannten ihren Wert als gebaute Vergangenheit und besetzten die Straße, um sie vor dem Abriss zu schützen.

Sie fanden einen starken Verbündeten in Hamburgs damaligem Bürgermeister Professor Ingo von Münch, der sich 1990 engagiert dafür aussprach, öffentliches Denkmalbewusstsein zu schärfen und den Blick von kurzfristigen Investoreninteressen ab- und der langfristigen Bedeutung der Arbeiterkulturgeschichte zuzuwenden. Als die Situation zwischen Polizei und Besetzern eskalierte, brach von Münch seinen Urlaub ab, ergriff in Hamburg Partei für die Autonomen und stellte die besetzten Häuser unter Denkmalschutz. Anschließend gab der Hamburger Senat die Mittel zur Sanierung frei.

Doch aus der Sanierung wurde längst nicht das, was sich die Projektinitiativen erhofft hatten. Zwar stehen die Häuser noch, aber halbherzig und mit Minimalaufwand erhalten. Kostengünstige Wärmedämmung hat die Fassaden verschandelt. Die Situation im Gartenbereich ist gänzlich sinnentstellend verändert worden, von der historischen Anlage ist kaum noch etwas zu erkennen. Beim Anblick der Stahlgitterzäune im Hof kann man das gemeinschaftliche Zusammenleben früher hier lebender Arbeiterfamilien selbst mit größter Phantasie nicht mehr nachvollziehen.

Adresse Wohlwillstraße, 20359 Hamburg-St. Pauli | ÖPNV Bus 6, Haltestelle Paulinenstraße; U 3, Haltestelle Feldstraße | Tipp Um die Ecke in der Otzenstraße steht der bunt bemalte Musikbunker St. Pauli.

54 Die Jarrestadt

Stadt in der Stadt

Ende der 1920er Jahre entstand eine über mehrere Straßen gebaute Siedlung mit 33.700 Wohnungen für Arbeiterfamilien unter Leitung von Fritz Schumacher. Die Mieter gaben ihr den Namen »Jarrestadt« (passend zu Jarrestraße). Bereits 1931 wurde das in Reformbauweise errichtete Großprojekt als denkmalwürdig eingestuft. Die Jarrestadt setzte völlig neue Maßstäbe im modernen Städtebau. Nicht nur höchste architektonische und städtebauliche Standards formten Schumachers Entwurf. Vor allem der sozialpolitische Ansatz, der dahinterstand, war reformerisch. Schumachers Schrift »Das Werden einer Wohnstadt« sollte Wirklichkeit werden. In der weit gestreckten Anlage zwischen Goldbekkanal und Osterbekkanal, Barmbeker Straße und Wiesendamm in unmittelbarer Nähe zu Industrieanlagen und Fabriken sollten bezahlbare Arbeiterwohnungen entstehen. Dabei ging es vorrangig um hygienische Standards. Die neuen Wohnungen sollten sauber, hell und gut zu lüften sein. Schließlich wurden die Bauausführungen aber so kostspielig, dass die Mieten Arbeitergehälter überstiegen. Es waren leitende Angestellte und Handwerker, die in die anspruchsvoll entworfenen Backsteinbauten und ihre für damalige Zeit hochmodern ausgestatteten Wohnungen zogen.

Besonders an der Jarrestadt war und ist die Verbundenheit ihrer Bewohner mit dem Quartier zu spüren. Das starke Zusammengehörigkeitsgefühl zwischen den Nachbarn hat viel mit der Architektur zu tun. Die Gänge zwischen den Häusern und große Grünanlagen in den Innenhöfen wurden bewusst so entworfen, dass ein Miteinander der Mieter leicht und natürlich entstehen konnte. Keine Spur mehr von der bedrängenden Enge früherer Arbeitersiedlungen. Pro Treppenabsatz entstanden zwei Wohnungen (»Zweispänner-Bebauung«) mit 2,5 Zimmern und 50 bis 60 Quadratmeter Wohnfläche. In den Bombennächten 1943 wurden über 25.000 Wohnungen der Jarrestadt zerstört.

Adresse Wiesendamm und Jarrestraße, 22303 Hamburg-Winterhude | **ÖPNV** Busse 172 und 173, Haltestelle Großheidestraße | **Tipp** Machen Sie einen Spaziergang an den verträumten Ufern des 500 Meter entfernten Osterbekkanals entlang.

55 Das Jenischhaus

Landhaus bei der Rennbahn

Senator Martin Jenischs Landhaus in Klein Flottbek war eine internationale politische Bühne. Deutschlands Kaiser und Regenten aus aller Welt genossen ebenso wie hochrangige Politiker, Diplomaten, Bürgermeister, Bankiers und Kaufleute das großbürgerliche, hanseatische Ambiente. Oft fanden die Einladungen in Verbindung mit einem Besuch der Derby-Rennbahn statt. Bei Zigarren und Cognac diskutierten die Herren in der Bibliothek den Sieger des letzten Rennens, während die Damen unter sich blieben. Hausherrin Thyra von Jenisch führte genaue Aufzeichnungen über Gästelisten, Speisefolgen und Garderobe. Nachmittags traf man sich gegen 16 Uhr zum Tee, anschließend gab es Dinner. Kostbare Stücke der Tafeldekoration aus Goldbronze hatte Baron Voght Napoleons »eisernem Marschall« Davout beim Auszug der Franzosen abgekauft. Es dürfte sich um Diebesgut der französischen Soldaten gehandelt haben – so blieb es wenigstens in Hamburg.

Der wohlhabende Senatorensohn und Kaufmann Martin Jenisch hatte 1828 die ausgedehnten Klein Flottbeker Ländereien von Baron Caspar Voght erworben. Sein weißes Landhaus ließ er nach Entwürfen von Forsmann und Schinkel im klassizistischen Stil erbauen. Heute ist es ein Museum für Kunst und Kultur, zeigt im Erdgeschoss Säle aus Empire und Biedermeier, und in den oberen Etagen präsentieren wechselnde Ausstellungen Kunstgeschichte des 19. Jahrhunderts.

An einem sonnigen Tag, fast genau 150 Jahre nach Erbauung der Villa, fahren mehrere schwarze Limousinen im Jenischpark vor. Die Herren von der »HH-Press« und ein recht nervöser Götz George steigen aus, um sich drinnen vom Notar Stellungnahmen dreier unabhängiger Gutachter zur Echtheit der Handschriften Adolf Hitlers vorlesen zu lassen. – Regisseur Helmut Dietl drehte für seinen mit dem Deutschen Filmpreis ausgezeichneten Spielfilm Schtonk! (1985) mit Starbesetzung vor dem Jenischhaus.

Adresse Baron-Voght-Straße 50, 22609 Hamburg-Othmarschen | ÖPNV S 1, S 11, Haltestelle Klein Flottbek | Tipp Ein Besuch im Ernst Barlach Haus gleich nebenan lohnt sich (geöffnet Di–So 11–18 Uhr).

56 Der Jüdische Tempel

»Die Alten gehen in die Synagog'«

»Die Juden teilen sich wieder ein / In zwei verschiedne Parteien / Die Alten gehen in die Synagog' / Und in den Tempel die Neuen«, schrieb Heinrich Heine anlässlich der Einweihung des neu gebauten Tempels. Auf der Gedenktafel steht heute »Synagoge«, was unzutreffend ist. Jüdische Synagogen waren Gotteshäuser orthodoxer Juden, die sich als vertriebenes Volk verstanden und nach Israel zurückkehren wollten. Ganz anders die Anhänger des Reformjudentums, die in ihrem Tempel ein vollkommenes Abbild des Jerusalemer Tempels sahen und dort zu Hause waren, wo ihr Tempel stand. Nicht in Jerusalem, sondern in Hamburg.

1817 gründeten wohlhabende und gebildete Hamburger Juden den »Neuen Israelitischen Tempelverein in Hamburg«. Ihre Gottesdienste unterschieden sich von denen der orthodoxen Juden. Frauen und Männer betraten den Tempel durch einen gemeinsamen Eingang. Statt der üblicherweise vergitterten Frauenemporen waren im Tempel die Emporen offen. Nach dem Vorbild christlicher Kirchen saßen die Gläubigen in frontaler Sitzordnung, das Gesicht dem Heiligen Schrein zugewandt. Gepredigt wurde nicht länger in hebräischer, sondern in deutscher Sprache. Der Gottesdienst dauerte weniger lange als bei den orthodoxen Juden und wurde, wie die Liturgie der Christen, von Chorälen und Orgelmusik begleitet.

Auch in architektonischer Hinsicht brachte der Jüdische Tempel den Wunsch nach harmonischer Nachbarschaft mit den christlichen Nachbarn zum Ausdruck. Die Hamburger Reformjuden bauten sich ein schlichtes Gotteshaus ohne orientalischen Schnickschnack.

Von der Freien und Hansestadt Hamburg wird nichts unternommen, um den Verfall des Gebäudes aufzuhalten. Mehr als ein Eintrag in die Denkmalschutzliste war bislang nicht drin. In den öffentlich zugänglichen Ruinen in der Poolstraße ist seit vielen Jahren eine Autowerkstatt untergebracht. Die Apsis des Tempels ist mittlerweisel eingestürzt.

Adresse Poolstraße 12–14, 20355 Hamburg-Neustadt | ÖPNV Busse 3, 35, 36 und 112, Haltestelle Johannes-Brahms-Platz | Tipp Der erhalten gebliebene jüdische Tempel Oberstraße 120 gehört seit 1953 dem NDR.

57_Die Kampnagelfabrik

Tanz und Theater

Kurz nach Beendigung seiner Tätigkeit als Maschinist und Schmierer auf dem Frachter »Barbara« wurde Arbeiterschriftsteller Willi Bredel als Dreher bei der Maschinenfabrik Nagel & Kaemp angestellt. Der gebürtige Hamburger setzte sich für die Rechte seiner Kollegen ein, die Revolutionäre Gewerkschaftsopposition stellte ihn als Kandidaten auf. Bredel wurde in den Betriebsrat gewählt – und schleunigst aus der Firma entlassen. Bald darauf Redakteur der Hamburger Volkszeitung, fiel er 1930 dem Reichsgericht wegen unbequemer Artikel auf und wurde zu zweijähriger Festungshaft verurteilt. Endlich hatte er Zeit zum Schreiben. Sein Schlüsselroman »Maschinenfabrik N&K« handelt von seiner Zeit als Dreher beim Kapitalisten am Osterbekkanal. Bis zur Schließung der Maschinenfabrik N&K und dem Tag, an dem aus Nagel & Kaemp Kampnagel wird, vergehen noch 50 Jahre.

Zunächst fielen Fabrik und Gelände an die Stadt Hamburg, die alles abreißen und Wohnungen bauen wollte. Doch 1982 wurde die Fabrik von Künstlern besetzt. Unter ihnen war der spätere Chef des Schmidttheaters Corny Littmann, der sich als Altachtundsechziger den Jüngeren überlegen fühlte und mit Hinweis auf seine früheren Hausbesetzererfahrungen das Kommando übernehmen zu können glaubte. Dabei geriet er mit den unbeugsam freien Autonomen der 1980er aneinander.

Im Feuerwehrhaus wurde vor ausverkauftem Haus die aktuelle politische Lage auf die Bühne gebracht. Die damalige Kultursenatorin wurde von einer Schauspielerin gespielt, und bald hatte die Besetzung mit Besetzern Erfolg. Der Abriss konnte aufgeschoben werden, nicht zuletzt dank des Umstands, dass im Deutschen Schauspielhaus damals gerade gebaut wurde. Das Theater suchte dringend Ausweichquartiere und durfte vorübergehend die alte Fabrik in Barmbek nutzen. Im Oktober 1982 fand das fünftägige Festival »Besetzungsprobe« statt. Kampnagel war Kunstfabrik geworden.

Adresse Jarrestraße 1, 22303 Hamburg-Winterhude | ÖPNV Busse 172 und 173, Haltestelle Jarrestraße (Kampnagel) | Tipp Von der Kampnagelfabrik aus ist fußläufig der Stadtpark erreichbar.

58 Der Karl-Kaufmann-Bunker

Verbunkerte Befehlsstelle

Hätte sich Gauleiter und Reichsstatthalter Karl Kaufmann frühzeitig für den Vorschlag der Hamburger Bauverwaltung, ihm seinen eigenen Bunker zu bauen, interessiert, hätte ihm das leicht als mangelnder Glaube ans »Tausendjährige Reich« ausgelegt werden können. Lieber hat Kaufmann die ersten beiden Entwürfe der Hochbauabteilung Nord erst mal abgelehnt und gewartet, was kommt. An ein Ende seines schwindelerregenden Aufstiegs wird der Parvenü 1938 kaum zu denken gewagt haben. Denn der große Nazi kam aus ganz kleinen Verhältnissen und war im selben Jahr gerade erst Besetzer einer der schönsten Villen Hamburgs geworden. Als Sohn eines Wäschereibesitzers aus Krefeld und Hilfsarbeiter ohne Schulabschluss hätte einer wie Kaufmann das Palais von Henry und Emma Budge allenfalls mal still durch den Lieferanteneingang betreten dürfen. Doch der Aufstieg der Nazis spülte Karl Kaufmann nach oben. Er wurde Reichsstatthalter von Hamburg und bezog das Budge-Palais, Martin Hallers weiße Hanseatenvilla im alsternahen Harvestehuder Weg, als Regierungssitz.

Erst im November 1939 begann der Bau der »Befehlsstelle des Reichsverteidigungskommissars«, der heute noch steht. Das ZDF drehte eine Dokumentation über den Bunker, der inzwischen auch von Besuchern besichtigt werden kann. Die zweiröhrige Schutzanlage liegt über vier Meter unterhalb der Erde. 1943 wurden die Wände mit Stahlbeton auf vier Meter verstärkt. Es gibt neun Räume, darunter zwei für die Telefonzentrale des Stabsraums mit Siemens-Fernsprechanlage für acht Telefon- und Fernschreiberanschlüsse und fünf Telefonzellen. Hier sollten bis zu 15 Mitarbeiter zugleich arbeiten können.

Die Kunstsammlung Emma Budges, die größte Privatsammlung, die im deutschen Faschismus versteigert wurde, war auf eine Million Reichsmark geschätzt worden. Sämtliche Objekte wurden unlimitiert versteigert, das heißt, sie durften zu jedem Preis verkauft werden.

Adresse Hochschule für Musik und Theater, Harvestehuder Weg 12, 20148 Hamburg-Rotherbaum | Öffnungszeiten Führungen bietet der Verein Unter Hamburg e. V. an, www.unter-hamburg.de. | ÖPNV Bus 109, Haltestelle Böttgerstraße | Tipp Der Harvestehuder Weg an der Alster wird »Die Straße der Millionäre« genannt. Ein Spaziergang führt an einigen der schönsten Villen der Stadt entlang.

59_Knopf's Lichtspielhaus

Erstes Kiezkino

Jeder von ihnen hatte zig Züge in Bahnhöfe einfahren sehen. Aber am Dienstag, den 20. Februar 1900 sahen sie einen Zug einfahren, ohne dass sie auf einem Bahnhof waren. Es soll zu hysterischer Begeisterung, Tränenausbrüchen und Handgreiflichkeiten gekommen sein. Das Kino war geboren.

Der Filmstreifen mit der Dampfeisenbahn war mit einer Länge von 25 bis 30 Metern ziemlich kurz, doch »Reality-Kino« erwies sich als Straßenfeger, darum ging es in Knopf's Lichtspielhaus am Spielbudenplatz mit dem nächsten Kurzfilm weiter, in dem das Publikum minutenlang eine Einschiffung auf See miterlebte. Als danach ein Wettreiten mehrerer Bauern über die Wand flimmerte, rann vermutlich schon das Kondenswasser die Fenster runter. Mehr hätten die Zuschauer, die noch nicht in Sesseln, sondern an den für eine Schankwirtschaft üblichen Biertischen saßen, überhaupt nicht verkraftet. Am Anfang ging Kino nicht wegen großer Gefühle unter die Haut. Das »Lebende Laufbild« war überwältigend, weil sich Leute und Sachen bewegten, die gar nicht da waren.

Lichtspieltheater-Pionier Eberhard Knopf leitete bis 1900 im Haus Spielbudenplatz 21 »Eberhard Knopf's Konzert und Automatenhaus«. Das war auch schon spektakulär gewesen. Unter anderem hatte Knopf den »größten Mann der Welt« unter Vertrag gehabt.

Der Programmwechsel hing davon ab, wie viel Geld Knopf in der Tasche hatte. Seine Filme musste er von den Kinobetreibern kaufen und ließ sie laufen, bis sie hin waren. Zwei Jahre nach der ersten Vorführung lief »Robinson Crusoe«, der mit 625 Meter Filmrollenlänge alles bisher Gezeigte in den Schatten stellte. Jetzt ging es schon um Handlung. »Der Raub einer Grafentochter durch Zigeuner« sowie Ringkampffilme feierten größte Erfolge. Als sein Haus den Andrang nicht mehr fasste, kaufte Knopf das Gebäude, in dem heute die Prinzenbar ist. Seine puttenverzierte Leinwand ist dort noch zu sehen.

Adresse Spielbudenplatz 19, 20359 Hamburg-St. Pauli | **Öffnungszeiten** bitte dem Stadtprogramm entnehmen, da ständig wechselnd | **ÖPNV** U 3, Haltestelle St. Pauli; S 1, S 3, Haltestelle Reeperbahn | **Tipp** Das ehemalige Hamburger Atelier von Stephan Balkenhol ist Am Nobisteich 4 zu sehen.

60_Kokoschkas Thermopylae

Körber gab den Rest

Oskar Kokoschka vollendete 1954 sein berauschend komponiertes Triptychon und ließ das Temperagemälde dem Hamburger Senat zum Verkauf anbieten. Das unterbreitete Angebot lautete auf eine Viertelmillion Mark. Sozusagen ein Schnäppchenpreis für ein 2,25 mal acht Meter großes, aus drei Leinwänden bestehendes Gemälde des großen Expressionisten.

Max Brauer, Erster Hamburger Bürgermeister, brauchte nicht erst seinen Schatzmeister kommen zu lassen. Er wusste auch so, dass seine Stadt die Viertelmillion nie und nimmer übrig hatte. Aber es gab jemanden, der sie möglicherweise hergeben würde. Mit großer Wahrscheinlichkeit sogar. Max Brauer rief seinen Freund, Unternehmer Kurt A. Körber, an, Gründer der Bergedorfer Hauni AG, nebenher deutscher Stifter und überaus reich. Es wurde kein langes Telefonat. Die einmalige Offerte des Genies der Wiener Moderne einerseits, die Hamburger Etatverhältnisse andererseits, da blieb nicht viel zu sagen. Körber zeigte Interesse, wollte die Angelegenheit überdenken und führte seinerseits ein Telefongespräch. Darin sprach er eine Einladung zum Essen aus. Es war ein großer Hamburger Mäzen, mit dem er sich kurz darauf traf. Ein Mann, noch sehr viel reicher als er selbst. Philipp Fürchtegott Reemtsma, Sohn des Zigarrenherstellers Bernhard Reemtsma, erklärte sich einverstanden, beim Essen darüber zu verhandeln, wie sie die Kaufsumme am besten aufteilen könnten. »Wie viel übernehmen Sie?«, fragte er Körber. Der antwortete: »Ich? Ich übernehme den Rest.« Reemtsma lächelte und übernahm daraufhin zwei Drittel.

Nach dem Tod Reemtsmas im Jahr 1959 schlug Kurt A. Körber der Witwe vor, ihm sein Drittel der Kaufsumme zurückzugeben, um das Kunstwerk als reine Reemtsma-Stiftung bewahren zu können. Gertrud Reemtsma ließ sich überzeugen. 1963 übergab sie das außergewöhnliche Gemälde feierlich der Hamburger Universität. Seitdem hängt es im Hörsaal D des Philosophenturms.

Adresse Von-Melle-Park 6, 20146 Hamburg-Rotherbaum | **ÖPNV** S 11, Haltestelle Dammtor | **Tipp** In der Schlüterstraße 4 ist die Buchhandlung Wrage als Alma Mater der Esoterikbewegung ein Must-see.

61 Die Konditorei Lindtner

Max Brauers Maharani-Torte

Je extensiver auf der Straße im Laufen telefoniert, dazu am liebsten gleichzeitig aus der Hand gegessen und »to go« getrunken wird, desto würdevoller und anziehender werden Orte wie die alte Konditorei Lindtner in Eppendorf. Hier wirkt Hektik nicht urban, sondern wichtigtuerisch, und der Kaffee wird »to stay« serviert. In Kaffeekännchen aus Porzellan.

Durch die spiegelnde alte Holztür betritt man das Jahr 1948. Seit damals hat Familie Lindtner die dunklen Wandtäfelungen und schlanken Kaffeehausstühle mit roten Sitzbezügen stilgerecht beibehalten. Und dem Gast gehen schon beim Blick durchs Schaufenster die Augen über. Da stehen scharenweise Hamburger Zuckertierchen, die gleichen rosa Schweinchen und treuherzig guckenden Marienkäfer wie früher zum Kindergeburtstag. Spiegelnde Vitrinen präsentieren quadratmeterweise hausgemachte Kuchen, Tortenträume und märchenhafte Confiserie, wahre Schokoladenkunstwerke, jedes Stück von Hand gefertigt. Auf silbernen Etageren in jeder Größe häufen sich atemberaubend schöne Petits Fours. Konditorei Lindtner liefert frisch aus der Backstube in die ganze Welt. Die Bedienung ist familiär und freundlich. Das 1944 eröffnete Café wird heute in dritter Generation von Brunhild Bruns und ihren Schwestern Heida Lindtner und Korri Slawig geführt.

Das Eppendorfer Traditionscafé ist in Hamburg Hochzeitstortenlieferant Nummer eins. Aber Lindtners berühmteste Kreation ist die Maharani-Torte. In den frühen 1950er Jahren wurde das Schokoschwergewicht auf besonderen Wunsch des Hamburger Bürgermeisters Max Brauer erfunden. Der indische Generalkonsul war zu Besuch in der Hansestadt und sollte etwas Außergewöhnliches geboten bekommen. Das Geheimrezept der Maharani-Torte enthält Schokoladenmousse und weiße Buttercremeflocken, umhüllt von sattem Schokoguss und Kirschen. Es ist nicht überliefert, wie viele Stücke der Generalkonsul verputzt hat.

Adresse Eppendorfer Landstraße 88, 20249 Hamburg-Eppendorf | **Öffnungszeiten** Mo–Sa 8.30–20 Uhr, So 10–19 Uhr | **ÖPNV** U1 und U3, Haltestelle Kellinghusenstraße | **Tipp** Ein kleiner Verdauungsspaziergang könnte am Ufer der Alster entlangführen.

62_Die Kreuzigungsgruppe

St. Georg und Adolph III.

In der Kapelle der Heiligen Dreieinigkeitskirche steht eins der ältesten Kunstwerke der Freien und Hansestadt Hamburg. Die Kreuzigungsgruppe aus dem 15. Jahrhundert zeigt Christus, seine Mutter Maria, seinen Jünger Johannes und die beiden Schächer, die mit ihm auf Golgatha gekreuzigt wurden. Ursprünglich bildete die Gruppe die letzte Station eines Kreuzweges, der beim Mariendom begann. Auf diesem Weg wurde, besonders zu Ostern, der Leiden Christi gedacht. Früher stand die Kreuzigungsgruppe im Freien vor der Kirche. 2004 wurde ein Nachguss der Figuren auf den originalen Granitpostamenten aus dem Mittelalter aufgestellt. Die Kreuzigungsgruppe und die Heilige Dreieinigkeitskirche weisen weit zurück in die Geschichte des Stadtteils St. Georg und zu dem Mann, der den Platz vor dem Steintor, also vor Hamburgs Stadtgrenze, Ritter St. Georg weihte.

Adolph III. von Schauenburg wählte den Ritter mit gutem Grund, galt St. Georg doch seit den Kreuzzügen als Märtyrer und Retter aus größter Not. Graf von Schauenburg hatte Kaiser Friedrich Barbarossa 1189 auf den Dritten Kreuzzug nach Jerusalem begleitet. Während seiner Reise durch den Nahen Osten sah er das Leid der Leprakranken und ihr langsames, qualvolles Sterben. Umso schlimmer, dass die Kreuzfahrer die Seuche bei ihrer Heimkehr auch in Hamburg einschleppten, wo sie sich sofort ausbreitete. Um den Erkrankten eine menschenwürdige Behandlung zu ermöglichen, stiftete der Graf ein Siechenhospital. Es sollte später in ein normales Hospital und danach in ein Armenhaus umgewandelt werden. Hier wurden die Kranken gepflegt und streng isoliert.

1296 erging ein Stadtrats- und Kirchenbeschluss aus Hamburg, der den unheilbar Kranken das Betreten der Stadt strengstens verbot. Zum Siechenhospital von St. Georg stiftete Adolph III. eine Kapelle. Es handelte sich um die Vorläuferin der Heiligen Dreieinigkeitskirche.

Adresse St. Georgs Kirchhof 19, 20099 Hamburg-St. Georg | **ÖPNV** S 1, S 2, S 3, S 11, S 21, S 31, Haltestelle Hauptbahnhof | **Tipp** Auf der Trostbrücke steht die Skulptur Adolphs III. von Engelbert Pfeiffer.

63 Die KZ-Gedenkstätte

Zentraler Gedenkort Hamburgs

Neuengamme war ein Arbeitslager. Schwerpunkt des an Tonvorkommen reichen Standorts war die Herstellung von Ziegelsteinen (Klinkern) als Baumaterial für Hamburg. Das neu geplante Elbufer Konstanty Gutschows sollte aus Neuengammer Ziegeln gebaut werden. Es ist sehr wahrscheinlich, dass in Finkenwerder beim Ausbau der Siedlung Finksweg Ziegel aus KZ-Produktion verwendet worden sind. Den Ausbau der stillgelegten ehemaligen Ziegelei zu einem von Häftlingen betriebenen Klinkerwerk in den Vierlanden förderte die Freie und Hansestadt Hamburg damals mit einem Darlehen in Höhe von einer Million Reichsmark.

Unter den Inhaftierten waren Widerstandskämpfer aus den besetzten Gebieten, davon ab 1944 Tausende Beteiligte des Warschauer Aufstands, des Weiteren unter sogenannte »Schutzhaft« gestellte Deutsche und Ausländer sowie sowjetische Kriegsgefangene. Sie mussten bei der Klinkerproduktion, bei der Begradigung eines Seitenarms der Elbe sowie bei der Anlage eines Stichkanals mit Hafenbecken Zwangsarbeit leisten. Ab 1942 führten zudem SS-Ärzte unter anderem mit Medikamenten zur Flecktyphusbekämpfung, mit künstlichen Tuberkuloseinfektionen sowie mit giftgasverseuchtem Wasser medizinische Experimente an den Häftlingen durch.

Als Gauleiter Karl Kaufmann im April 1945 die Räumung des Lagers anordnete, waren im KZ Neuengamme noch über 9.000 Frauen und Männer untergebracht. Die Menschen wurden zu Fuß und in Güterwaggons zum circa 80 Kilometer entfernten Lübecker Industriehafen gebracht. Dort beschlagnahmte die SS-Lagerführung das in der Lübecker Bucht ankernde, fahruntüchtige und nicht mit Proviant ausgestattete Passagierschiff Cap Arcona und das Frachtschiff Thielbek. Anschließend trieb sie die Häftlinge an Bord und sperrte die Menschen unter Deck in Stauräumen ein. Beide Schiffe wurden von britischen Jagdbombern am 3. Mai 1945 beschossen und versenkt.

Adresse Jean-Dolidier-Weg 75, 21039 Hamburg-Neuengamme | ÖPNV S1, S21, Haltestelle Bahnhof Bergedorf, weiter mit Bus 227 oder 327 bis KZ-Gedenkstätte Neuengamme | Tipp Es lohnt sich, Zeit für einen Spaziergang den Neuendammer Hausdeich entlang mitzubringen.

64 Die Lämmertwiete

Harburgs Gourmetmeile

Vom alten Harburg sieht man heute noch die historische Lämmertwiete mit beeindruckenden Fachwerkhäusern aus dem 16. bis 18. Jahrhundert. Die Jahrhunderte haben die schweren, uralten Türbalken krumm und schief gebogen. Die restaurierten Farben der massiven Schnitzereien leuchten, und mit etwas Übung kann man die Inschriften sogar entziffern. Als Horeburg, also Burg im Moor, wird Harburg 1142 erwähnt. In der heutigen Harburger Schloßstraße liegt das ursprüngliche Siedlungsgebiet, dem Ende des 13. Jahrhunderts das Stadtrecht verliehen wurde. Ab 1527 wurden Harburg und sein Elbehafen Gebiet des Herzogtums Braunschweig-Lüneburg.

Für die Archäologen des Helms-Museums ist die Lämmertwiete eine absolute Rarität. In der kleinen Fußgängerzone von nicht mal hundert Meter Länge stehen sechs Gebäude unter Denkmalschutz. Die meisten wurden sorgfältig teilrestauriert oder möglichst originalgetreu erneuert. Verwinkelte, schiefe Zimmer, abgesunkene Decken und schräg verlaufende Galerien sollten erhalten bleiben, um ein authentisches Bild des Harburger Lebens und Wohnens in vorindustrieller Zeit zu vermitteln. Es ist den Harburger Stadtteilinitiativen und dem Denkmalschutz zu verdanken, dass für die aufwendigen Arbeiten finanzielle Mittel zur Verfügung gestellt wurden, sonst wären die Fachwerkhäuser verfallen und abgerissen worden. Das Mayr'sche Haus in der Lämmertwiete 14 ist rund 350 Jahre alt. Es stand in der Harburger Innenstadt, wurde 1968 abgebaut und mit neuen Materialien 1993 an der Lämmertwiete wiederaufgebaut.

Die romantische Atmosphäre von Kopfsteinpflaster und schief gewohntem Fachwerk übt natürlich nicht nur auf Archäologen eine starke Anziehungskraft aus. Erst recht, seit sich das Kleinod Lämmertwiete zur Restaurantmeile entwickelt hat. Auch das ist gut für die Häuser, denn solange die Geschäfte gut laufen, wird die Lämmertwiete sicher vor Verkaufsplänen sein.

Adresse Lämmertwiete, 21073 Hamburg-Harburg | ÖPNV Busse 141 und 241, Haltestelle Seehafenbrücke | Tipp Ernst von Bandels Schillerbüste, historische Brunnenbekrönung auf dem Sand, ist heute Teil des Kulturpfads (der Neuen Straße bis Sand folgen).

66 Die Lindenterrasse Louis C. Jacob

Noch wie bei Liebermann

Als Alfred Lichtwark 1886 den Posten als Direktor der Kunsthalle antrat, ging es sofort zur Sache. »Wir wollen nicht ein Museum, das dasteht und wartet, sondern ein Institut, das thätig in die künstlerische Erziehung unserer Bevölkerung eingreift.« Ein modernes Museum für die Stadt wollte er. Und das hieß sowohl für das Publikum – zu dem Lichtwark die Arbeiterfamilien zählte – als auch für Hamburgs Maler.

Nach der Gründung des Hamburgischen Künstlerclubs von 1897 förderte Lichtwark in erster Linie dessen Mitglieder und ihre am französischen Impressionismus orientierte Lichtmalerei. Das konservative Bürgertum der Stadt stieg ihm entrüstet aufs Dach und protestierte gegen die »Schmieralien« der jungen Maler.

Von den Anfängen mit vorrangig Landschaften in Pastell, Aquarell und Gouache erweiterte sich Lichtwarks »Sammlung von Bildern aus Hamburg« um weitere Schwerpunkte wie Hafen, Kirchen und Porträts zeitgenössischer Hanseaten. Lichtwark wollte die Köpfe der zeitgenössischen Malerei an Bord holen und lud den berühmtesten und streitbarsten Vertreter des deutschen Impressionismus ein – 1890 entstand im Auftrag der Kunsthalle das Pastell »Kirchenallee« von Max Liebermann.

Im Sommer 1902 war Liebermann wieder zu Gast in Hamburg und mietete sich bei Louis C. Jacob ein. Hier malte er »Die Terrasse im Restaurant Jacob«, ein Ölgemälde, das zu den Höhepunkten des deutschen Impressionismus gehört. Einmal bekam er bei der Arbeit Besuch von Dichter und Zeichner Hans Leip. »Det möchten Se wohl ooch mal so hinwischen?«, fragte Liebermann. Leip nickte schüchtern und erhielt künstlerischen Rat mit Berliner Schnauze: »Da will ick Ihnen mal watt sahn, zeichnen Se erst mal tüchtig Akt! Denn wissen Se enes Tages ooch, wattn Boom is.«

Adresse Elbchaussee 401–403, 22609 Hamburg-Nienstedten | ÖPNV Busse 36, 39 und 286, Haltestelle Elbschloßstraße | Tipp Liebermanns »Lindenterrasse« hängt in der Hamburger Kunsthalle am Glockengießerwall.

67_Der Lohseplatz

Wo der Hannoversche Bahnhof war

Der letzte Satz ist ein Schlag ins Gesicht: »Über Proteste der Hamburger Bevölkerung gegen die Deportationen ist nichts bekannt.« Eine ungeheuerliche Entstellung der Wirklichkeit, die da 2005 auf der Infotafel Lohseplatz bekannt gegeben wurde.

Protest gegen Hitler führte ins KZ. Trotzdem haben Hamburger Widerstandsgruppen Flugblätter gedruckt. Juden zu verstecken war lebensgefährlich. Trotzdem ist belegt, dass Tausende Juden gerettet wurden und es ein Netzwerk von ebenso vielen Helfern, vornehmlich Frauen, gegeben hat. Für die Vernichtung von Menschen stand gewaltiges Kapital zur Verfügung. Für ihr Gedenken nicht.

Vom ehemaligen Hannoverschen Bahnhof ist kaum mehr etwas zu sehen. Es gibt noch ein Gleis, zwar nicht historisch, aber dem historischen Gleisverlauf folgend. Eine Bahnsteigkante ist erhalten geblieben. Mehrere rautengemusterte Begrenzungssteine sind zu sehen. Vor rund 70 Jahren haben hier Männer, Frauen und Kinder neben wartenden Züge gestanden, in die sie nicht einsteigen wollten. Sie wurden gegen ihren Willen dazu gezwungen. Von den heute übrig gebliebenen Ruinen des Bahnsteigs aus sieht man die Elbbrücken. Auch die Deportierten konnten zu ihnen hinübersehen, bevor sie einsteigen mussten. Die Elbbrücken liegen vom Bahnsteig aus im Osten, das war die Fahrtrichtung der Deportationszüge zu den Lagern.

Rund um das wenige, das die Bagger vom Hannoverschen Bahnhof übrig gelassen haben, wird gebaut. Vom Management der HafenCity wurde das neu gewonnene Bauland durch Aufschüttung auf acht Meter über NN erhöht. Damit ragt der künstlich erhöhte Boden 2,60 Meter hoch über den Resten des Hannoverschen Bahnhofs auf. Anschaulicher kann Überheblichkeit nicht sichtbar werden. Deutlicher kann man nicht zeigen, dass dieser unbewältigte Abschnitt der Hamburger Geschichte verdrängt werden und in der Versenkung verschwinden soll.

Adresse Lohseplatz, 20457 Hamburg-HafenCity | **ÖPNV** Bus 111, Haltestelle Osakaallee | **Tipp** Die Oberhafenkantine mit Nostalgieflair, Stockmeyerstraße 39, hat täglich von 12 bis 22 Uhr geöffnet.

68 Die Maximilian-Kolbe-Kirche

Visionäre Baukunst

Wie Pergament, wie ein gerollter Bogen Papier wirkt der Kirchturm von St. Maximilian. Die spiralförmige Drehung verläuft in perfekter Harmonie und wirkt dadurch anmutig, im Schwung aufwärtsgezogen, schwerelos. Und das bei einem Bauwerk aus Beton. Skulpturale Entwürfe, asymmetrische Raumformen und der effektvolle Einsatz von Sichtbeton gehören zu den architektonischen Stilmitteln des Kirchenbaus der 1950er bis 1970er Jahre.

St. Maximilian gilt allgemein als bedeutendstes Werk des Architekten Jo Filke, der in seinem Entwurf ursprünglich so weit von traditionellen Sakralbauten abweicht, dass er nicht einmal ein Kreuz für den Kirchturm vorsieht. Erst 1988 wurde das heutige Kreuz montiert. Filke interpretiert den Kirchturm als eine von der Erde zum Himmel aufstrebende Kraft. Alles Schwere fehlt, ebenso im Innenraum der Kirche, der durch die offene Dachbalkenkonstruktion spiralförmig nach oben zu streben scheint.

Ein international berühmtes Schmuckstück moderner Baukunst also, und das mitten in Wilhelmsburg. Wenig verwunderlich, dass die Schlagzeilen, in die St. Maximilian geriet, viele Hamburger Zeitungsleser direkt in die Magengrube trafen. Abriss drohte. Die Kirche mit dem atemberaubend gebauten Altarraum steht unter Denkmalschutz, sie ist noch und nöcher von renommierten Kunstfotografen abgelichtet und in Bildbänden dargestellt worden. Sie zieht Architekturbegeisterte aus ganz Europa an. Doch für die Sanierung von St. Maximilian fehlen 400.000 Euro, und die katholische Kirche plädiert auf wirtschaftliche Unzumutbarkeit.

Benannt ist das Gotteshaus nach dem Priester Maximilian Maria Kolbe. Nach dem Überfall der Deutschen auf Polen bot er Flüchtlingen Zuflucht, wurde deshalb verhaftet und nach Auschwitz gebracht. Papst Johannes Paul II. sprach ihn 1982 heilig.

Adresse Krieterstraße 9, 21109 Hamburg-Wilhelmsburg | ÖPNV S 3, S 31, Haltestelle Wilhelmsburg | Tipp Leben und Alltag von Wilhelmsburg präsentiert das Museum Elbinsel Wilhelmsburg im Amtsgebäude von 1724 (nicht behindertengerecht!) in der Kirchdorfer Straße 163 (geöffnet April – Okt. So 14 – 17 Uhr).

69_Das Memelhaus

Die Schiffszimmerer und die Nazizeit

Aus »hygienischen Gründen« war kurz nach der Machtübertragung das Gängeviertel der Neustadt saniert worden. Wobei unter Hygiene die Vertreibung und Vernichtung der Gegner des Nationalsozialismus verstanden wurde, in diesem Fall der Arbeiter und Kommunisten. Den Mitgliedern der Hamburger Traditionsgenossenschaft der Schiffszimmerer, die sich als Arbeitergenossenschaft gegründet hatte, erschien die Ideologie der Nazis berechtigterweise als Bedrohung ihrer Existenz.

Mit dem »Gesetz über die Sicherung der Gemeinnützigkeit im Wohnungswesen« von 1934 wurden Hamburgs Wohnungsunternehmen zu einem Einheitsverband zusammengefasst. Darin löste das Führerprinzip alle Personalstrukturen auf. Die genossenschaftliche Selbstverwaltung wurde abgeschafft. Die Schiffszimmerergenossenschaft wurde gleichgeschaltet, mindestens 51 Prozent ihrer Mitglieder mussten Mitglied der NSDAP sein. Vorstand Matthias Strenge brauchte nicht zu lügen, um die Nazis davon zu überzeugen, dass jedes Genossenschaftsmitglied die Naziparole »Gemeinnutz geht vor Eigennutz« zutiefst erfasst habe, und das seit Jahrzehnten. Für die Schiffszimmerer war Solidarität selbstverständlich. Die Nazis dagegen setzten sie als Propaganda ein.

Auch das 1936 fertiggestellte Memelhaus verdeutlicht die Gratwanderung zwischen Anpassung und Integrität. Das autonome Memelland in Ostpreußen gehörte zu den Gebieten, die die Nazis »heim ins Reich führen« wollten. Seine Ansprache zur Einweihungsfeier hielt Strenge auf Plattdeutsch und hob darin die Verbundenheit der Schiffszimmerer mit Memel hervor. Seine Worte, beide hätten denselben Gedanken, »in de Noot erst recht tosammentostoon« (in der Not erst recht zusammenzustehen), waren als Bestärkung für die Arbeiter gemeint. Reichsbankrat Taube, Leiter des Hamburger Memellandbundes, überreichte der Schiffszimmerergenossenschaft im Anschluss an die Rede die Flagge der Stadt Memel.

Adresse Ecke Rademachergang und Breiter Gang, 20355 Hamburg-Neustadt | ÖPNV U2, Haltestelle Gänsemarkt | Tipp Das historische Kranzhaus der Schiffszimmerer wurde für den Bau der Speicherstadt abgerissen. Das neue steht Großheidestraße 20–30, Ecke Stammannstraße, 22303 Hamburg.

70_Das Mennonitenpfarrhaus

Denkmal der Glaubensfreiheit

Ihren Ursprung haben die Mennoniten in der Reformationszeit. Mit anderen evangelischen Kirchen teilen sie die Überzeugung von der versöhnenden Liebe Gottes. Im Gegensatz zur katholischen und zur evangelisch-lutherischen Kirche lehnen Mennoniten die Säuglingstaufe ab, die sie als beginnenden Verfall der Gemeinde sehen. Lebendig kann eine Kirche ihrer Meinung nach nur sein, wenn sich die Gläubigen aus freiem Willen für Taufe und Kirchenmitgliedschaft entscheiden.

Seit 1601 genossen die Mennoniten, deren Name auf den friesischen Theologen Menno Simons (1496–1561) zurückgeht, in Altona Religionsfreiheit. Familie Roosen, die seit den Anfängen der Mennonitengemeinde angehört, kam ursprünglich aus den Niederlanden und siedelte von dort nach Lübeck über. Auswandererenkel Paul Roosen (1582–1649), nach dem die Straße neben dem Pfarrhaus benannt ist, zog es von Lübeck nach Hamburg. In der Großen Freiheit gründete er 1611 eine Lohngerberei. Nach dem Tod von Paul Roosen verkaufte sein Sohn einen Teil des Grundstücks an die Mennonitengemeinde. Hier baute Architekt Claus Stallknecht 1716/17 die Kirche in der Großen Freiheit 73/75, die seit dem Neubau in der Altonaer Mennonitenstraße profaniert ist. Der Grund dafür, eine neue Kirche zu bauen, war das zunehmende Unbehagen der Gemeinde, mitten in einem immer berüchtigter werdenden Vergnügungsviertel ansässig zu sein.

Geblieben war nach Sprengbombenschäden des Zweiten Weltkriegs nur das 1772 im Barockstil errichtete Predigerwohnhaus. In den 1980er Jahren stand es auf der Abrissliste. Eine engagierte autonome Wohnprojektgruppe konnte den von der Stadt beabsichtigten Abbruch dieses Denkmals der Glaubensfreiheit verhindern. Mit größtmöglichem Erfolg. Das Mennonitenpfarrhaus wurde von der Stadt unter Denkmalschutz gestellt. Zum Tag des offenen Denkmals kann es besichtigt werden.

Adresse Große Freiheit 75, 22767 Hamburg-St. Pauli | **Öffnungszeiten** Das Haus wird alljährlich zum Tag des offenen Denkmals geöffnet. | **ÖPNV** S 1, S 2, S 3, Haltestelle Reeperbahn | **Tipp** Diakon Gerrit Roosen ließ seine sieben Kinder einen Silberbecher fertigen, der wie der Wappenteller der Familie im Museum für Kunst und Gewerbe am Steintorplatz zu sehen ist.

71 Der Messbergbrunnen

»Am Markt lernt man die Leute kennen«

Verliehen wurde Hamburg das Marktrecht durch Erzbischof Adaldag, der seit 937 Erzbischof von Hamburg-Bremen war. Seine Statue ziert die Fassade des Rathauses. Im Mittelalter wurde das Recht einer Stadt, einen ständigen Markt oder einen Wochenmarkt durchzuführen, von entscheidender Bedeutung für die städtische Wirtschaft. Der Platz stand dann unter garantiertem Marktfrieden, der vom Marktherrn (dem König oder dem Bischof) geschützt wurde.

Der Meßberg in der Altstadt ist bereits 1458 als »Mesberch« belegt. Auf Marschniveau gelegen, wurde er früher regelmäßig überflutet und deshalb vor seiner Bebauung lediglich als Müllhalde genutzt. Die Übersetzung »Misthaufen« liegt deshalb nahe. Meßberg und Hopfenmarkt wurden später die Gemüse- und Blumenmärkte der Bauern aus den Vierlanden, den sogenannten Grönhökern, die ihre Waren erstmals 1693 an den Meßberg brachten. Hier verkauften die Marschbauern auch Milch, Butter, Eier und Käse, die mittels Milch-Ewer über den Strom transportiert wurden.

Aus dem Alten Land kamen Kirschen und Äpfel auf den Markt, die Elbinseln lieferten Küchenkräuter und Blattgemüse. An Fisch wurde verkauft, was aus der Elbe kam: Neben Lachsen, Aalen und Heringen waren vor allem Elbbarsch und Kaulbarsch gefragt.

Der 1887 erbaute Messbergbrunnen auf dem Hopfenmarkt zeigt eine Vierländer Bäuerin. Hier war der historische Marktplatz der Bauern aus den Elbmarschen nach der Zerstörung der Stadt im Hamburger Brand. Damals war jeden Tag Markttag mit einem lebendigen, wilden Treiben an über 300 Verkaufsständen, für die die Händler acht Pfennig Miete pro Tag zahlten. 1889 wurde der Obst- und Gemüsemarkt auf dem Hopfenmarkt erweitert und unterkellert. Da die Zahl der Händler beständig zunahm, wurde nach einem vorläufigen Marktplatz zwischen Meßberg und Deichtor im Jahr 1911 der Deichtormarkt eröffnet.

Adresse Hopfenmarkt, 20457 Hamburg-Altstadt | ÖPNV U3, Haltestelle Rödingsmarkt | Tipp Die nahe Slamatjenbrücke zeigt als Brückenbild die Marktfrauen von damals.

72 Moorburg

Hin und nicht weg

Vor dem Ortseingang Moorburg steht das riesige Kohlekraftwerk. Einschüchternde, gigantische Betonbauten scheinen den endgültigen Triumph wirtschaftspolitischen Starrsinns über menschliche Vernunft zu verkünden. Ob es nun stimmt oder nicht, dass das Kraftwerk besonders umweltverträglich ist, es bietet einen Anblick, der prompt eine Adrenalinschwemme freisetzt und den Fluchtmodus aktiviert. Im Sekundentakt funkt Großhirn an rechten Fuß: Gas voll durchtreten, nichts wie weg. Dabei liegt direkt hinter dem alptraumhaften Energiebunker eins der schönsten Ausflugsziele Hamburgs! Nicht dran vorbeifahren. Parkplatz finden, achtsam auf vorbeiziehende Schafe und Lämmer aufpassen. Auto abstellen. Aussteigen. Willkommen in Moorburg.

Schon 1309 wird eine Kirche in Moorburg erwähnt. Das alte Straßendorf gehört seit 1375 zu Hamburg und ist südlich der Elbe der älteste Stadtteil der Freien und Hansestadt. Hamburg kaufte im Mittelalter die Gebiete Olde Moor und Reetwisch und errichtete hier 1390 einen Wehrturm, die Moorburg, als Kontrollposten der Schifffahrt. Auf zahlreichen handgedruckten Ortsschildern ist der alte Holzturm mit Wehrwall noch zu sehen. Neun Quadratkilometer und etwa 800 Einwohner, das klingt wenig. Trotzdem haben die Einwohner mit vereinter Protestkraft Berge versetzt. Seit 1982 zählt Moorburg offiziell zum Hafenerweiterungsgebiet, 90 Prozent der vorhandenen Immobilien gehören der Stadt Hamburg. Damit droht dem jahrhundertealten Ort dasselbe Schicksal wie Altenwerder: plattgemacht zu werden für weitere Containerterminals. Die Bürgerbewegung erreichte einen Aufschub der Hafenerweiterung bis ins Jahr 2035.

Ein Spaziergang zum Deich führt an Häuschen mit Steg, wildem Land und dichten Streuobstwiesen vorbei. Auf den Wasserläufen leuchtet Entengrütze wiesengrün. Gleich dahinter Hafenpanorama pur mit dem Terminal Altenwerder und den hohen Schlickbergen der Spülfelder.

Adresse 21079 Hamburg-Moorburg | ÖPNV nur mit dem Pkw zu erreichen | Tipp Das liebevoll geführte Restaurant Wasserturm, Moorburger Elbdeich 161, lohnt einen Besuch (geöffnet Di – Sa ab 17 Uhr, So ab 12 Uhr).

73 Die MS Stubnitz

Mit dem richtigen Tiefgang

Haben die Manager der HafenCity bemerkt, dass ein Wunder geschehen ist? Was ihnen da für ein Geschenk gemacht wird? Ist im Hauptquartier des steril-elitären Satellitenquartiers der Groschen gefallen? Die ganze Zeit hatte noch was gefehlt, zwischen den spiegelnden Fassaden, etwas, das ein Quartier dringend braucht, wenn es auf Dauer mehr als eine Kapitalanlage sein will. Und das man für noch so viele Euromillionen nicht kaufen und mit keinem Grafikprogramm simulieren kann: lebendige Menschen. Herzschlag. Große Gefühle. Lust.

Für die MS Stubnitz ist es leicht, überall Freunde zu finden, von der HafenCity kann man das nicht sagen. Seit über 20 Jahren machen die Betreiber des Kulturschiffes Konzerte, Ausstellungen, Lesungen und Filmnächte, sind mit einem Kulturpreis ausgezeichnet worden und haben bei den »Zu breit zum Kentern«-Partys solche Massen begeisterter Gäste an Bord, dass sie locker zwei Schiffe vollkriegen würden – während die HafenCity ganz schön zu kämpfen hat, mit Hamburg warm zu werden, von Liebe ist man noch weit entfernt. Und wenn sich Investoren um Kultur kümmern, kommt dabei leicht ein neues Millionenprojekt für den Hamburger Off-Brain-Tourismus heraus. Warum nicht lieber das kleine Juwel fördern und stärken, das in Baakenhöft vor Anker gegangen ist? Für echte Freundschaft mit echten Hamburgern? Auch Gefühle wollen investiert werden …

Erbaut 1964 in Stralsund, der produktivsten Fischereifahrzeugwerft der Industriegeschichte, und mit Heimathafen Rostock, war die MS Stubnitz als Fischtransportschiff auf hoher See von Spitzbergen bis Mosambik unterwegs. Nach der Wende wurde sie in nur 18 Monaten von arbeitslos gewordenen Seeleuten zum Publikumsschiff umgebaut. Für »Hand gegen Koje« stellen seitdem unbeugsame Musik- und Kunstkenner das internationale Programm der MS Stubnitz auf die Beine. 2003 wurde das Schiff in die Denkmalliste eingetragen.

Adresse Schuppen 29 am Baakenhöft, Baakenhafen, 20457 Hamburg-HafenCity | ÖPNV U 4, Haltestelle HafenCity Universität | Tipp Ein Besuch im Hafenmuseum Australiastraße 50b bietet sich an (geöffnet Di–Sa 10–18 Uhr).

74 Das Museumsdorf Volksdorf

Das alte Leben in den Walddörfern

Wo heute das Museumsdorf steht, kroch vor Jahrhunderten das alte Walddorf aus dem Ei. Ausgrabungen im Jahr 2010 sorgten für Furore. Ein Team von Archäologen stieß auf Funde, die eine Besiedelung des Geländes bereits in der Jungsteinzeit beweisen. Bis dahin war die Entstehung Volksdorfs, das seinen Namen vermutlich von Siedlungsgründer Volkward erhielt, lediglich aufgrund erster Erwähnungen aus dem 13. Jahrhundert sicher datiert worden.

Hamburgs einziges Museumsdorf hält die Geschichte unserer Urgroßeltern lebendig. In dem bäuerlichen Freiluftmuseum erleben Kinder und Eltern, wie unsere Vorfahren gelebt und gearbeitet haben. An Vorführungstagen werden alte Handwerkstechniken gezeigt und vermittelt; wie etwa Flachsspinnen, Räuchern oder die Schafschur. Der Hof beherbergt reichlich Tiere, die auch im 19. Jahrhundert zu einem Bauernhof gehörten. Kaninchen, Ziegen, Hühner, Enten, Schweine und Schafe sowie zwei Schleswiger Kaltblutpferde, die bei den heiß begehrten Kutschfahrten durchs Museumsdorf geduldig den Wagen ziehen.

Sämtliche Gebäude wurden am heutigen Standort erbaut. Zum Museumsdorf gehört der Harderhof, in dem ein voll eingerichtetes historisches Bauernhaus zu sehen ist. In der Schmiede, wegen außerordentlicher Brandgefahr meist das einzige mit Ziegeln gedeckte Gebäude im Dorf, werden auch heute noch Pferde beschlagen und alle benötigten Eisenteile über offenem Feuer von Hand geschmiedet. Bei der historischen Grützmühle handelt es sich noch um eine echte Rossmühle, die mit der Kraft zweier Pferde die Mahlwerke im oberen Stock antrieb. In der Durchfahrtscheune liegt die Stellmacherei. Hier befanden sich das große Holzlager des Stellmachers und seine Werkstatt, in der die fürs Dorfleben gebrauchten landwirtschaftlichen Geräte von Hand gefertigt wurden.

Adresse Im Alten Dorfe 46–48, 22359 Hamburg-Volksdorf | Öffnungszeiten Di–So 9–17 Uhr, Führungen: April–Okt. Fr–So 15 Uhr, Nov.–März So 15 Uhr | ÖPNV U1, Haltestelle Volksdorf, weiter mit Bus 24 oder 175, Haltestelle Museumsdorf | Tipp Die Kutschfahrt Nordtour führt unterhaltsam durch Volksdorf.

75 Der Neue Kran

Ältester erhaltener Kran

Wie kommt es, dass Hamburgs ältester erhaltener Kran den Namen Neuer Kran trägt? Weil es ursprünglich einen noch älteren gab, der schon lange nicht mehr erhalten ist und seinen Standort etwa 600 Meter vom Neuen Kran entfernt bei der Trostbrücke hatte, wo das alte Zentrum des Hafens lag, mit dem gräflichen Zollhaus (1266), der Stadtwaage (1269) und dem Kran (1291).

Nur die heutigen Straßennamen erinnern noch an die Bebauung der historischen Hamburger Neustadt. In der Straße »Bei der alten Börse« wurde 1558 die Hamburger Börse gebaut (im Hamburger Brand 1842 zerstört). Daneben befanden sich die Stadtwaage, ein im Erdgeschoss teiloffenes Gebäude, und der Alte Kran zum Ent- und Beladen der Handelsfuhrwerke. Da Maße und Gewichte lange Zeit nicht einheitlich waren, sondern von Stadt zu Stadt schwankten, waren Kaufleute seit dem Mittelalter verpflichtet, das Gewicht ihrer Handelswaren auf der Stadtwaage prüfen zu lassen. Es war üblich, der Stadt dafür Wiegegeld zu bezahlen. In die Räume über der Hamburger Stadtwaage zog 1735 die Commerzdeputation, vormals ein Verband von Seehandelskaufleuten, aus der die Handelskammer hervorging.

Der Neue Krahn (ursprüngliche Schreibweise mit h) wurde 1353 aufgestellt, als man den Hafen zur Alstermündung erweiterte. Wegen der Aufstauungen am Reesendamm ab 1235 und der Schaffung des Alstersees (heutige Binnen- und Außenalster) führte der Fluss immer weniger Wasser, sodass die Schifffahrt bald unmöglich wurde. So wurde ein neuer Warenumschlagplatz im bis heute bestehenden Binnenhafen zwischen Hohe Brücke und Kehrwieder angelegt. Ab 1258 wurde die Bille umgelenkt, um für genügend Wassertiefe zu sorgen. Der neue Wasserlauf ist heute noch mit Oberhafen und Zollkanal nachvollziehbar. Der erste Neue Krahn war aus Holz, 1858 wurde er durch einen eisernen Kran ersetzt und 1896 elektrifiziert. Bis 1974 war er im Einsatz.

Adresse Hohe Brücke, 20459 Hamburg-Altstadt | ÖPNV U3, Haltestelle Baumwall | Tipp In der Mattentwiete steht ein goldglänzendes Propellermodell des Seeschleppers Fairplay.

76_Das NSG Heuckenlock

400-jährige Flatterulme

Die Wildnis ruft. Ein uraltes Sumpfgebiet am Nordufer der Süderelbe ist vom Ende der letzten Eiszeit übrig geblieben. Es ist 94 Hektar groß, steht seit 1977 unter Naturschutz und ist seit 1998 Natura-2000-Gebiet. Sein Name setzt sich aus dem plattdeutschen Wort »Lock« – das einen großen Priel, eine wassergefüllte Senke, bezeichnet – und dem Namen der Familie Heucken, die hier, auf der ehemaligen Elbinsel Moorwerder, gelebt hat, zusammen. Aus ökologischer Sicht gehören das NSG Heuckenlock und das gegenüberliegende Schweenssand (Schweinesand) zusammen.

Die Auwälder des Heuckenlocks sind einmalig in Europa. Botaniker entdeckten eine 400 Jahre alte Flatterulme und zählten 700 verschiedene Pflanzenarten. Darunter zwei Raritäten, die außerhalb des Süßwassertidegebiets der Elbe nirgendwo auf der Welt mehr vorkommen. Die Wiebelsschmiele ist ein Süßgras und zählt zu den ältesten Nutzpflanzen der Welt. Das niedrig wachsende Gras mit feinen, hellen Rispen bevorzugt als Standort sumpfigen Boden und das Wurzelwerk alter Bäume. Auch der Schierlings-Wasserfenchel wächst nur noch an der Elbe und zählt zu den vom Aussterben bedrohten Pflanzen. Er wird etwa 60 Zentimeter hoch, hat zipflige, zweifach gefiederte Blätter und blüht von Juni bis August in flachen weißen Dolden.

Heuckenlock gehört zu Hamburgs vogelreichsten Grünflächen. Kein Eingriff stört den Jahreslauf der Natur, das Reservat bleibt sich selbst überlassen. Im Totholz umgefallener Bäume finden sich jede Menge Insekten. Für Vögel ein sicherer Lebensraum, hat sich im Auwald der leuchtend gelbe Pirol niedergelassen. Sein lauter, melodiöser Dreierpfiff ist gut von anderen Vogelstimmen zu unterscheiden. Der schmale Strand ist zwar zu sumpfig zum Sonnen, aber man kann dort gut baden. Am Ufer leben im Schilf versteckt Graureiher, und auf den Baumstümpfen hocken statuenhaft Kormorane, die auf Beutefisch warten.

Adresse Naturschutzgebiet Heuckenlock, 21109 Hamburg-Moorwerder | **ÖPNV** Bus 149, Haltestelle Neuland | **Tipp** Das Tideauenzentrum in der Freiluftschule – Moorwerder Hauptdeich 31 – erklärt in anschaulichen Lehrausstellungen das Ökotop (geöffnet Nov.–März So 11–17 Uhr, April–Okt. Sa, So und Feiertage 11–18 Uhr).

77 Das Op'n Bulln

Stammtisch der Bullnbrüder

Mit Stierkampf hatte die Herrenrunde, die sich in Blankenese im Op'n Bulln zum Klönen traf, nichts im Sinn. Bulle bezeichnet einen ausrangierten Ewer (Lastkahn), der der schwimmenden Taverne in den 1940er Jahren als Landesteg diente. Die Bullenbrüder trafen sich zum Gedankenaustausch. Nazis und Verfolgte saßen am selben Tisch.

Richard Zipfel war Obersenatsrat und Wohnungskommissar. Weil ihm Hamburg gefiel, beschlagnahmte er eine jüdische Villa und zog nach Blankenese. Zipfel soll bei den Treffen der Bullnbrüder seine Hakenkreuznadel diskret abgenommen haben. Auch Senatsdirektor und Presseamtsleiter Erich Lüth war Bullnbruder. Sein leidenschaftlicher Appell gegen den Nachkriegsfilm »Unsterbliche Geliebte« von »Jud Süß«-Regisseur Veit Harlan führte zu einem Grundsatzurteil beim Bundesverfassungsgericht.

William Quindt, Pressechef im Zirkus Sarrasani, schrieb 1939 den Afrikaklassiker »Straße der Elefanten« und arbeitete für den Film »White Wilderness« sogar mit Walt Disney zusammen. Otto Thämer, Gründungsmitglied der Künstlergruppe »Die Warft«, gestaltete in den 1920er Jahren Notgeldscheine und wurde von den Nazis mit Freskenmalereien für die Neulandhalle im Dieksanderkoog (damals Adolf-Hitler-Koog) beauftragt. Heinrich Landahl war Direktor des Lichtwarkgymnasiums und Lektor im Hamburger H. Goverts Verlag. Sein Riecher brachte dem Verlag einen Welterfolg und einen der meistverkauften Romane aller Zeiten. Auf Landahls Empfehlung brachte Goverts (aus dem später der Claassen Verlag hervorging) 1937 »Vom Winde verweht« in deutscher Übersetzung heraus.

Bullnbruder Kapitän Gustav Schröder bewahrte 1939 mit dem HAPAG-Dampfer MS St. Louis über 900 deutsche Juden vor der Rückkehr nach Deutschland. Er erhielt das Bundesverdienstkreuz und den Ehrentitel »Gerechter unter den Völkern« in Yad Vashem. Hans Leip und Maler Otto Tetjus Tügel waren ebenfalls dabei.

Adresse Strandweg 30, 22587 Hamburg-Blankenese | **ÖPNV** Bus 48, Haltestelle Blankenese Fähre | **Tipp** Hier beginnt das schönste Stück Elbstrand, man kann bis zum Wittenbergener Ufer am Wasser entlangwandern.

78 Das Plattenhaus Kritenbarg

Kriegswohnen nach Operation Gomorrha

Bevor Wanda E. am Tag der Befreiung das KZ-Frauenaußenlager Sasel verließ, holte sie einen Schemel aus Holz, der zur Lagerausstattung gehört hatte. Und nahm ihn mit nach draußen. Er steht im Plattenhaus Kritenbarg. Warum nahm Frau E. den Schemel mit? Vielleicht konnte sie nicht glauben, dass das Lager befreit wurde, und der Hocker in der Hand, dessen Existenz ihr realer erschien als die eigene, funktionierte als Indizienbeweis dafür, dass es wirklich passierte. Oder damit hinterher niemand daran zweifeln konnte, dass sie im Lager gewesen war? Und es das Lager tatsächlich gegeben hatte?

Die ehemalige Lagerinsassin Cecilia Landau (verheiratete Lucille Eichengreen) brachte im Juli 1945 die Ermittlungen zu Verbrechen im Außenlager Sasel in Gang. Begleitet von britischen Soldaten suchte sie die einstige KZ-Aufseherin Müller in deren Wohnung auf. »Kurze Zeit später standen wir voreinander. Sie sah entsetzt aus. Die Briten standen hinter mir. ›Kommen Sie bitte mit‹, sagte einer zu ihr. Sie starrte uns an, scheinbar in einer Art Schock, bewegungslos.« Im Curiohaus fand von April bis Juni 1946 vor einem britischen Militärgericht der Prozess gegen Aufseher, Wachpersonal und den Kommandanten Leonhard Stark aus dem Außenlager des KZs Neuengamme, dem Frauenlager Hamburg-Sasel, statt. Die Angeklagten wurden zu Freiheitsstrafen bis zu 15 Jahren verurteilt.

Die ständige Dokumentationsausstellung zur Geschichte der Hamburger Frauenlager ist fundiert und umfassend. Neben den Ausstellungsräumen sieht der Besucher im Plattenhaus Kritenbarg nachgestellte Einrichtungen der ehemaligen Behelfswohnungen. Es wird ein anschaulicher Eindruck davon vermittelt, wie nach den Bombenangriffen 1943 und der Zerstörung von 263.000 Wohnungen gehaust wurde. Die Plattenhäuser waren aus Bauteilen zusammengesetzt, die von den Häftlingen des Klinkerwerks KZ Neuengamme in Zwangsarbeit gefertigt wurden.

Adresse Kritenbarg 8, 22392 Hamburg-Poppenbüttel | ÖPNV S 1, S 11, Haltestelle Poppenbüttel | Tipp In nächster Nähe liegt das Alstertal mit schönen Wanderwegen im Grünen.

79 Das Rauhe Haus

Wicherns soziale Mission

1832 wurde Johann Hinrich Wichern Lehrer an der evangelischen Sonntagsschule Sankt Georg vor den Toren Hamburgs. Was den jungen Theologen dort erwartete, war ein Elendsquartier. Nach St. Georg hatte man im Mittelalter Pestkranke und Aussätzige verbannt. Dort stand der Galgen. Wichern sah schreiende Armut, Schmutz und schlimmste geistige und körperliche Verwahrlosung der Kinder. Da sie keine Schulbildung erhielten und nichts anderes als Not und Hoffnungslosigkeit kannten, war es ihnen aus eigener Kraft kaum möglich, ein besseres Leben zu führen. Wichern beschloss zu handeln. Im Hamburger Vorort Horn gründete er die Anstalt »zur Rettung verwahrloster und schwer erziehbarer Kinder«. Senatssyndikus Karl Sieveking stellte ihm das »Ruge Haus« zur Verfügung. Dieses rote (nicht raue) Haus, eine Fachwerkkate mit rotem Backstein ausgemauert, stand in Horn, damals noch ein Dorf mit 600 Einwohnern. Schon Weihnachten 1833 hatte der 25-jährige Wichern zwölf Jungen in die Gemeinschaft seines Hauses aufgenommen. Ab 1835 kamen auch Mädchen dazu. Jeweils ein Dutzend Kinder lebte in Wicherns rasch größer werdendem Rettungsdorf als Familie mit einem Betreuer zusammen, der Bruder genannt wurde.

Für die Kinder war die Aufnahme ins Rauhe Haus ein Neuanfang. Zum ersten Mal erlebten sie eine Umgebung ohne Schmutz, Hunger, Krankheiten und Gewalt der Elendsviertel. Jedes Kind bekam neue Kleider und wurde mit Sorgfalt und Liebe behandelt. Jede »Familie« hatte im Rauhen Haus ihre eigene Wohnung. Zur Vorbereitung auf ihre Ausbildung standen den Kindern unter anderem eine Schusterei, Tischlerei, Schneiderei, Glaserei und eine Druckerei zur Auswahl. Durch Vermittlung Wicherns hatten die Jugendlichen beim Verlassen des Rauhen Hauses eine Lehrstelle. Meistens war eine Rückkehr der Kinder in ihr Elternhaus nicht möglich. Sie gehörten ein Leben lang zu der Gemeinschaft des Rauhen Hauses und hielten mit Festen und Ehemaligentreffen Kontakt zueinander.

Adresse Beim Rauhen Hause 21, 22111 Hamburg-Horn | ÖPNV U 2, U 4, Haltestelle Rauhes Haus | Tipp Am Horner Weg 164 steht die Wichern-Schule (500 Meter Entfernung).

80 Die Relikte der Gartenschau

Beginn von Planten un Blomen

Der Name Planten un Blomen entstand aus reiner Verlegenheit. Im Dezember 1934 kam in Hamburg eine Spezialistenrunde der Deutschen Gesellschaft für Gartenkultur zusammen. Erörtert wurde die Planung der für 1935 vorgesehenen Gartenschau auf dem Gelände des ehemaligen Zoos in den Hamburger Wallanlagen. Höhepunkt des abendlichen Festempfangs im Rathaus sollte die Rede von Hitlers Chefideologen Alfred Rosenberg sein, der den Namen der Gartenschau vor der anwesenden Presse bekannt geben würde. Rosenberg verspätete sich. Baurat Hans Meding ergriff das Wort, stellte den Planungsstand dar und sprach nur unverfänglich von dem Projekt Pflanzen und Blumen. Die Zeitungen schrieben Planten un Blomen. Der Name blieb.

Die Niederdeutsche Gartenschau begann als Programm zur Arbeitsbeschaffung. Rund 1.800 Langzeitarbeitslose bewegten rund 150.000 Kubikmeter Boden. Auf den Einsatz von Maschinen wurde so weit wie möglich verzichtet, um mehr Arbeitskräfte einsetzen zu können. Gartengestalter Karl Plomin war bemerkenswert unabhängig von den Leitgedanken der Nazis. In seiner Sommerblumenschau sollten »Geschöpfe aus aller Herren Länder« gezeigt werden. Die Rose wollte der Gartenarchitekt »als Einzelgestalt« zeigen statt wie üblich als farbigen Effekt in Massenbeeten. Von Plomin stammt der Entwurf der bis heute erhaltenen großen Wasserkaskade.

Auch bei der von Bürgermeister Max Brauer angeregten Internationalen Gartenausstellung 1953 war Plomin maßgeblicher Planer. Für die IGA entstand nach seinem Entwurf die Wasserorgel. Zehn Jahre später entwarf Karl Plomin für die IGA 1963 die Tropenschauhäuser. Ein Erfolg, der sich zehn Jahre später nicht wiederholen ließ: Für die IGA 1973 wurde das CCH gebaut und ein Fußgängerübergang über die Marseiller Straße gebaut. Planten un Blomen wurde von den Hamburgern in »Platten un Beton« umgetauft.

Adresse St. Petersburger Straße 28, 20355 Hamburg-Neustadt | ÖPNV Bus 112, Haltestelle Handwerkskammer | Tipp Das Museum für Hamburgische Geschichte, das am Parkeingang liegt, lohnt einen Besuch (geöffnet Di–So ab 10 Uhr).

81 Die Rickmer Rickmers

Stahlschiffe mochte Reeder Rickmers nicht

Rickmer Clasen Rickmers wurde 1807 als Sohn einer Schifferfamilie auf Helgoland geboren, lernte Schiffszimmermann und wurde Werftbesitzer, Reedereigründer und Reiskaufmann, dem die Ostasienfahrt Wohlstand und Ansehen brachte. Er übernahm die Bremer Firma Ichon & Co., die später als Rickmers Reismühle das weltweit größte Reisunternehmen werden sollte und bis heute gleichnamig in Bremen firmiert.

Die 1834 gegründete Rickmers Werft beschäftigte über 300 Zimmerleute. Stahlschiffe wurden bis zum Tod des Reeders nicht gebaut. Als berühmtester Großsegler verließ den Helgen 1896 die Rickmer Rickmers. Damals lagen die Frachtsegler bereits im Wettbewerb mit Dampfschiffen, doch für Reis, der nicht möglichst schnell transportiert werden muss, rechnete sich der Einsatz von Windjammern (engl. »jam the wind«, den Wind pressen beziehungsweise abblocken).

1904 geriet das Schiff in einen Taifun, was die Mannschaft zwang, Kapstadt als Nothafen anzulaufen, wo das Schiff zur Bark umgetakelt wurde. Mit zweimonatiger Verspätung kehrte sie nach Bremerhaven zurück.

1912 wurde die Rickmer Rickmers an die Hamburger Reederei Carl Christian Krabbenhöft verkauft und segelte als »Max« in die Salpeterfahrt nach Chile. Salpeter war ein wertvoller Rohstoff für die Herstellung von Dünger und Sprengstoff. Auf dem Weg nach Westafrika wurde die Mannschaft 1914 vom Kriegsausbruch überrascht, suchte einen neutralen Hafen und ging vor den Azoren vor Anker. Die Portugiesen beschlagnahmten widerrechtlich das Schiff und übergaben es den Engländern, die es unter dem Namen »Flores« als Waffentransporter einsetzten. Nach dem Krieg, als Schulschiff »Sagres« im Besitz der portugiesischen Marine, gewann die Rickmer Rickmers Regatten, zuletzt 1958 die Regatta der Segelschulschiffe vor der norwegischen »Christian Radich«. Seit 1987 liegt das schwimmende Wahrzeichen Hamburgs am Fiete-Schmidt-Anleger vertäut.

Adresse Landungsbrücken Ponton 1a, 20359 Hamburg-St. Pauli | **Öffnungszeiten** täglich 10–18 Uhr (Kassenschluss 17.30 Uhr) | **ÖPNV** S 1, Haltestelle Landungsbrücken | **Tipp** Durchqueren Sie den Alten Elbtunnel zu Fuß (Zugang Bei den Landungsbrücken 5).

82__Die Riepenburger Mühle

Das Wunder von Kirchwerder

Nie konnte Karl-Heinz Busch von den Engländern aufhören. Immer wieder beschwor der letzte Müller die Geschichte von den britischen Alliierten herauf. Wie sie seine Mühle unter Beschuss genommen hätten. Er erzählte davon in allen Einzelheiten. Als wäre es erst gestern gewesen und nicht Jahrzehnte her. Man hat ihm zugehört, wie man einem alten Mann eben zuhört. Aber glauben mochte ihm keiner so recht. Bis bei der Restaurierung in den Außenbalken der Riepenburger Mühle tatsächlich riesige Granatsplitter gefunden wurden.

Um das herrliche Bauwerk originalgetreu zu erhalten, war viel Geld nötig und ungeheuer viel Zeit. Der Verein Riepenburger Mühle hat die finanziellen Mittel aufgetrieben und unzählige Stunden Freizeit in die Restaurierung gesteckt. »Die Mühle ist wie eine große Modelleisenbahn, die nie fertig wird«, hat der Vereinschef einmal in einem Interview gesagt. Nur sind bei einer Modelleisenbahn die Ersatzteile klein und zierlich, nicht monumental wie bei einer Holländermühle von 1825. In ganz Deutschland hat der Verein nach historischen Maschinen und Teilen gesucht. Wenn keine Originalteile mehr zu bekommen waren, was oft der Fall war, wurden sie aufwendig nachgebaut. Allein die drehbare Kappe einschließlich Flügelwelle und Flügel kostete so viel wie ein Einfamilienhaus. Das Denkmalschutzamt und die Deutsche Stiftung Denkmalschutz haben einen großen Teil der Kosten übernommen.

Dafür wird jetzt in der Riepenburger Mühle wieder auf dieselbe Art gemahlen wie zuletzt vor über 70 Jahren, als die Windkraft endgültig durch Maschinen ersetzt wurde. Es ist beeindruckend, zu sehen (und zu hören!), wie sich die monumentalen Flügel, die mehrere Tonnen schwer sind, in Bewegung setzen. – Was erst geschieht, wenn alle Besucher in sicherer Entfernung auf der Plattform stehen. Oder von unten aus dem Kaffeegarten raufgucken, was ungefährlich ist.

Adresse Kirchwerder Mühlendamm 75a, 21037 Hamburg-Kirchwerder | Öffnungszeiten April–Okt. Di und Do 12–16 Uhr und jeden 1. und 3. So 13–17 Uhr oder nach Vereinbarung, Gruppenführungen ganzjährig möglich | ÖPNV Bus 225, Haltestelle Krummer Hagen | Tipp Kirchwerders Kirche St. Severini, Kirchenheerweg 6, wurde im 13. Jahrhundert erbaut und wird zum Besuch empfohlen.

83_Die Rote Flora

Dora – komm in die Flora …

… die so viele Reize hat. / Sie liegt am Schulterblatt / ist ganz in deiner Näh / das schönste Varieté, dichtete Operettenkomponist Paul Lincke (»Berliner Luft«) zur Jahrhundertwende den Flora-Marsch für das Concerthaus Flora.

1855 kaufte Gastronom H.F.P. Schmidt Haus und Gelände, ließ Schaukeln, Tierkäfige und Karussells aufstellen und eröffnete Schmidt's Tivoli. Nach ihm kamen die Kaufleute Mutzenbecher und Lerch und machten das Gesellschafts- und Concerthaus Flora draus. Jetzt kam der Crystallpalast dazu, aus Stahlsprossen und Glas in schönster Jugendstilbauweise nach dem Vorbild des Crystal Palace der Weltausstellung. 1926 richtete man ein modernes Kinovarieté ein mit künstlichem Sternenhimmel aus Glühbirnen. Hans Albers, Zarah Leander und Johannes Heesters traten auf. Im Krieg stand ein Bunker für 700 Personen auf dem Floragelände, das Gebäude kam halbwegs heil durch, nach dem Krieg war es wieder ein großes Kino.

Die Zeit der Roten Flora begann 1987, als die Stadt Hamburg das Haus zum Musicaltheater umbauen und »Das Phantom der Oper« inszenieren wollte. Zwischenmieter »1.000 Töpfe« (ein Haushaltswarenladen) zog aus, und bei den Schanzenbewohnern regte sich Protest. Den Abriss des Crystallpalastes konnten sie nicht verhindern. Doch eine Platzbesetzung und Anschläge gegen die Baustelle führten dazu, dass die Investoren das Musicalprojekt aufgaben und dem Phantom der Oper die Neue Flora bauten. 1989 wurde die Rote Flora besetzt und als selbstverwaltetes Stadtteilprojekt und politischer Standort der Autonomen offiziell eröffnet.

Vertragliche Regelungen zwischen Besetzern und Stadt scheiterten über die Jahre immer wieder. Schließlich verkaufte die Stadt die Rote Flora an Klausmartin Kretschmer, der als Retter auftrat, um sich als Spekulant zu entpuppen. Aber da die Immobilie als Fläche für den Allgemeinbedarf geschützt ist, steht fest: Die Rote Flora bleibt.

Adresse Schulterblatt 71, 20357 Hamburg-Sternschanze | ÖPNV U3, S11, S21, S31, Haltestelle Sternschanze | Tipp Das Schlangestehen lohnt sich bei Schabis Fischimbiss im Schulterblatt 60 (geöffnet täglich ab 12 Uhr).

84__Die Schilleroper

Dieser Zirkus ist ein Theater ist eine Oper

Am Anfang war die Schilleroper ein Zirkus. Hier eröffneten 1891 Kunstreiter Paul Busch und seine Ehefrau Constanze mit großem Spektakel ihren ersten Festbau. Die Konkurrenz war stark, denn Hamburg war damals Standort des Olympischen Zirkus Renz. Dessen Holzbau im Zirkusweg war keine zwei Kilometer vom neuen Zirkus Busch entfernt, der den Olympischen Zirkus 1897 von Renz übernahm.

Buschs Zirkusgebäude, heute denkmalgeschützt, ist ein Stahlskelettbau. Das Dach der Rotunde trägt einen Aufbau mit Oberlichtfenstern. Über 1.000 Zuschauer hatten rund um die Manege Platz. In den Nebengebäuden gab es Artistenwohnungen und Ställe für die Zirkustiere. Auf Buschs Programm standen volksnahe Schaustücke mit großer Ausstattung, Tieren und Artisten. 1899 zog Busch mit seinem Zirkus auf die Reeperbahn um.

1904 wurde das Zirkusgebäude nach Plänen von Architekt Ernst Michaelis zu einem Theater umgebaut. Pünktlich zu Schillers hundertstem Todestag wurde 1905 im nun Schillertheater genannten Haus große Neueröffnung mit »Wilhelm Tell« gefeiert. In den 1920er Jahren wurden Stücke von Brecht aufgeführt, und hin und wieder stand der junge Hans Albers als Ensemblemitglied auf der Bühne.

Zu Beginn der 1930er Jahre kam der nächste Umbau, und 1932 eröffnete die Oper im Schillertheater mit dem »Freischütz«. Die Akustik soll beachtlich gewesen sein. Kurz darauf wurde das Haus in Schilleroper umbenannt.

1939 musste die Schilleroper geschlossen werden, weil es im Gebäude keinen Luftschutzkeller gab. Im Zweiten Weltkrieg war ein Kriegsgefangenenlager darin untergebracht, und nach dem Krieg hausten in der Schilleroper Flüchtlinge. Später sollte vorübergehend eine Spielstätte des Deutschen Schauspielhauses daraus werden. Bis zur Schließung im Jahr 2006 war hier der Club Schilleroper, seitdem steht das Gebäude leer.

Adresse Bei der Schilleroper 14, 22767 Hamburg-St. Pauli | **ÖPNV** Bus 3, Haltestelle Neuer Pferdemarkt | **Tipp** In der Thadenstraße 79 liegt das Buddhistische Zentrum (geöffnet täglich um 20 Uhr zur Meditation).

85 Der Schlachthof

Hamburg isst nicht nur Fisch

Zu Füßen des Hamburger Fernsehturms, in direkter Nachbarschaft zum Messegelände, steht das denkmalgeschützte Gebäudeensemble des Hamburger Schlachthofs. Früher lag der Schlachthof in der Neustadt, wo er 1611 gegründet worden war. Die Bevölkerung wuchs, man brauchte die zentral gelegene Fläche in der Neustadt als Baugrund für neuen Wohnraum, und so wurde 1839 das Schlachthofgelände geräumt. Der erste Viehhof wurde 1876 am Bahnhof Sternschanze eröffnet. Es folgten der Bau eines Hammel- und Kälberstalls, die erste Zentralviehmarkthalle für Rinder und Schafe war 1888 fertig. Der neu entstandene Central-Schlachthof, der am 10. Oktober 1892 eröffnete, bedeutete Arbeit für die Menschen im Viertel. Bei dem regen Betrieb im Quartier drehte sich direkt oder indirekt alles ums Fleisch: Gewürzfabriken, Hersteller von Maschinen für die Fleischverarbeitung und Waagenfabrikanten ließen sich im heutigen Schanzenviertel nieder und erfüllten es mit regem Leben. 1913 wurde die Alte Rinderschlachthalle eröffnet, deren Fassade ein monumentaler Ochse schmückt.

Unter der Lagerstraße und dem Neuen Kamp führte ein Viehtunnel entlang, der die historischen Verladeanlagen am Bahnhof Sternschanze und den Schlachthof miteinander verband. Wiederentdeckt wurde diese alte Tunnelanlage bei Bauarbeiten, als man die Hamburg Messe erweiterte. Obwohl noch intakt und begehbar, ist der Tunnel für die Fundamentlegung der Messegebäude eingerissen worden.

Heute werden auf dem Gelände des historischen Schlachthofs für den Fleischgroßmarkt Hamburg rund um die Uhr Spezialitäten für Im- und Export produziert und umgeschlagen. In den über hundert Jahre alten Gebäuden auf der gegenüberliegenden Straßenseite ziehen Galerien ein. Zum Thema Hafenstadt passen das große Café der Elbgold-Kaffeerösterei und der spanisch-portugiesische Spezialitätenhändler El Torro.

Adresse Lagerstraße, 20357 Hamburg-St. Pauli | **ÖPNV** S 11, S 21, S 31, Haltestelle Sternschanze | **Tipp** Das Deli in Tim Mälzers Bullerei hat täglich ab 11 Uhr geöffnet.

86_Das Schloss Bergedorf

Einst blutig umkämpft

Domherr Erich III. von Sachsen-Lauenburg gab nach dem Tod seines Bruders Albrechts V. nur höchst ungern den geistlichen Stand auf. Doch es ging nicht anders. Jemand musste weiterregieren, und Albrecht war kinderlos geblieben. Die Regierungsgeschäfte zu übernehmen war höchst unerfreulich. Bis über beide Ohren verschuldet, hatten Albrecht und Erich bereits 1359 Mölln an Lübeck verpfändet. Nun war Albrecht tot und Sachsen-Lauenburg immer noch pleite. Erich trat daher nochmalig vor die Stadtväter Lübecks und bot ihnen Bergedorf und die Vierlande sowie die Zollstelle Eyslinger Fähre (heute Zollenspieker Fährverbindung) samt Riepenburg zum Pfand gegen noch mehr geborgtes Geld. Für Schloss Bergedorf sicherte er sich lebenslanges Wohnrecht. Lübeck setzte einen Treuhänder auf dem Anwesen ein.

1401 starb auch Erich trotz 30 Jahren weltlicher Lebensführung kinderlos. Natürlich sah Lübeck das verpfändete und nicht wieder ausgelöste Schloss Bergedorf daraufhin als Eigentum an. Erichs III. Cousin Erich IV. von Sachsen-Lauenburg fand den legitimen Erben dagegen in der eigenen Person, eroberte das Schloss im Handstreich und setzte den Lübecker Statthalter vor die Tür. Er konnte von Glück sagen, dass der Hansestadt ein finanzieller Engpass entstanden war, der es nicht zuließ, Söldner anzuwerben und die Schlossbesetzung mit Waffengewalt zu beenden. Stattdessen unterschrieben Erich IV. und die Hansestadt Lübeck einen Vertrag, der Bergedorf und das Schloss dem Herzog zusprach. Das verpfändete Mölln fiel dafür ein für alle Mal an Lübeck.

Neun Jahre später sammelte Erich Soldaten, um Mölln zurückzuerobern, und unterlag. Weitere zehn Jahre vergingen, bis 1420 Lübeck und Hamburg gemeinsam Bergedorf und damit auch das Schloss eroberten. Mit Unterzeichnung des Perleberger Friedensvertrages ging Schloss Bergedorf in den Besitz der beiden Stadtstaaten Hamburg und Lübeck über.

Adresse Bergedorfer Schloßstraße 4, 21029 Hamburg-Bergedorf | Öffnungszeiten Museum: Di–So 11–17 Uhr | ÖPNV S2, S21, Haltestelle Bergedorf | Tipp Die handgefertigten Bergedorfer Schlosskugeln von Jutta Bausewein sind bei Kaffee Timm am Sachsentor erhältlich.

87_Die Schmuckstraße

Chinatown in Hamburg

Auf Chinesisch heißt Hamburg Hanbao, was übersetzt »Burg der Chinesen« bedeutet. In keiner anderen deutschen Stadt leben so viele Chinesen wie hier, ungefähr 10.000 sind an der Elbe zu Hause. Das erste chinesische Handelsschiff lief schon 1731 in den Hamburger Hafen ein. Mit den Schiffen kamen auch die Menschen. Von den Chinesen, die später als Heizer und Wäscher auf Dampfschiffen mitfuhren, blieben seit etwa den 1920er Jahren 3.000 in der Stadt und gründeten das in der Nazizeit zerstörte Chinesenviertel in St. Pauli. Hamburgs Chinatown existierte in regem Austausch mit der Stadt. Chinesische Einwanderer heirateten deutsche Frauen. Unter Künstlern galt das exotische Viertel mit seinen fremden Gerichten als schick. In der Schmuckstraße wurde manchmal im Keller Opium gekocht, was nicht besonders gut gerochen hat und bei der Jugend auf wenig Interesse stieß – wer in den 1920ern Lust auf Drogen hatte, nahm nicht Opium, sondern Kokain.

In den 1930er Jahren wurde das Leben in St. Pauli für die Chinesen zunehmend ein Alptraum, der am 13. Mai 1944 seinen Höhepunkt fand. Im Namen der Hamburger Staatspolizei führte SS-Mann Erich Hanisch die in Deutschland einmalige »Chinesenaktion« durch. Er ließ 129 Chinesen aus ihren Läden und Wohnungen zur Davidwache treiben. Nachdem ihnen die Wertsachen abgenommen worden waren, wurden sie im KZ Fuhlsbüttel inhaftiert. Ihre deutschen Ehefrauen wurden in Schutzhaft genommen. Die Misshandlungen der Häftlinge durch Hanisch waren unbeschreiblich sadistisch und brutal.

Nach dem Krieg behandelten das Amt für Wiedergutmachung und das Landesverwaltungsgericht die »Chinesenaktion« der Hamburger SS als normales polizeiliches Vorgehen. Die schwerwiegende Gewalt wurde nicht geahndet. Bemühungen der Opfer um Entschädigung für ihre zerstörten Existenzen, die Haft und die mörderische Zwangsarbeit im Hafen blieben ohne Erfolg.

Adresse Schmuckstraße, 20359 Hamburg-St. Pauli | **ÖPNV** U 3, Haltestelle St. Pauli | **Tipp** Im Winkel 7 in Eppendorf liegt das Chinesische Seemannsheim, das einzige seiner Art weltweit.

88 Die Siedlung Ostfrieslandstraße

Wohnraum für die Rüstungsindustrie

Zwei Arbeitersiedlungen wurden zwischen 1939 und 1943 auf der Elbinsel Finkenwerder gebaut. Nachdem am Ostufer des Steendiek, auf dem Gelände der Deutschen Werft, die bereits in den 1920er Jahren von der Baugenossenschaft Finkenwerder gebaute Siedlung Finksweg in den Jahren 1938 bis 1942 um über ein Drittel vergrößert worden war, entstanden zusätzlich 1941 bis 1943 die Siedlung Nordmeerstraße der Wohnungsbaugesellschaft der Deutschen Arbeitsfront »Neue Heimat« und 1938 bis 1941 die Siedlung Ostfrieslandstraße.

Nach Ausbruch des Krieges gab das Reichsarbeitsministerium eine Prioritätenliste für Bauvorhaben heraus. Auf der einen Seite war Wohnungsbau in der Rangfolge von untergeordneter Bedeutung, andererseits boomte auf Finkenwerder die Industrie. Blohm und Voss und die Deutsche Werft brauchten Arbeiter in unmittelbarer Nähe. Lange Arbeitswege waren gleichbedeutend mit verringerter Produktion. Beim Reichsarbeitsministerium erhielt das Bauvorhaben Ostfrieslandstraße eine Null – die höchste Dringlichkeitsstufe. In größtmöglicher Eile wurde mit den Bauarbeiten begonnen.

Am 3. Mai 1939, zwei Tage nach dem Richtfest, schwärmte der Hamburger Anzeiger: »Wie klar, einheitlich und rationell läßt sich die Arbeit an solchem Großbauplatz zusammenfassen!« Verglichen mit anderen in Hamburg errichteten Volkswohnungen und selbst gemessen an den Richtlinien zum Volkswohnungsbau war die Größe der von den Architekten Dyrssen und Averhoff, Hinrichs und Langmaack entworfenen Wohnungen außergewöhnlich. Pro Etage gab es zwei 3,5-Zimmer-Wohnungen mit 65,9 Quadratmetern und dazwischen eine 2-Zimmer-Wohnung mit 42 Quadratmetern. Die Wohnungen waren mit Ofenheizung ausgestattet, die Bäder bestanden aus Dusche, Bodenabfluss, WC und sonst nichts. Ein Waschbecken gab es nicht.

Adresse Ostfrieslandstraße, 21129 Hamburg-Finkenwerder | **ÖPNV** Busse 146, 150 und 251, Haltestelle Emder Straße | **Tipp** Die nahe gelegenen Airbus-Werke bieten Führungen (2,5 Stunden), zu buchen unter Tel. 09005/247287.

89 Der Spielbudenplatz 19

Hagenbeck seniors Seehunde

Der erste gitterlose Tierpark der Welt eröffnete 1907 in Stellingen, damals noch ein preußisches Dorf vor den Toren von Hamburg. Carl Hagenbecks Vision war revolutionär und wurde wegweisend. Die Tiere seines Zoos sollten in ihren Gehegen möglichst wie in natürlichem Lebensraum gehalten werden. Mit ausreichend Bewegungsfreiheit. Und vor allem ohne Gitter. Die Geschichte von Hagenbecks Tierpark beginnt 1848 auf dem Spielbudenplatz 19 mit sechs putzmunteren Seehunden in einem Wasserbottich.

Gottfried Claes Carl Hagenbeck, Vater des Tierparkgründers, führte ein erfolgreiches Fischgeschäft in der ehemaligen Großen Petersenstraße 16 (heute Lincolnstraße). Zum Wohlgefallen seiner Kundschaft gab's bei Hagenbeck frischen »Elbkaviar«, zwar nur aus Störlaich, dafür aber bezahlbar. An dem Tag, als Hagenbecks Fischer mit sechs Seehunden bei ihm ankamen, witterte er ein besseres Geschäft. Vielleicht trug die Stimmung von St. Pauli dazu bei, die Leute wollten unterhalten werden und schlossen die Seehunde, die sich sogar verkleiden ließen und Tänzchen aufführten, begeistert ins Herz. Entschlossen expandierte der Fischhändler und kaufte für 350 Mark einen ausgewachsenen Eisbären, der ihm vom Kapitän eines Walfängers angeboten worden war. Die anfänglichen Mogeleien auf dem Hamburger Dom, wo er einen rasierten Eber als Nacktschwein und Rehe zu Lamas ausstaffiert vorführte, hatte Hagenbeck bald nicht mehr nötig. Echte Paviane, sudanesische Löwen und Leoparden, Tiere aus allen Ländern der Welt kamen vom Hamburger Hafen zu ihm. Auf dem Spielbudenplatz eröffnete er »C. Hagenbecks Handlungs-Menagerie St. Pauli«.

1866 ging die Hagenbeck'sche Exotenhandlung vom Vater auf den Sohn über. Bereits unter dem Namen »Hagenbeck's Thierpark« eröffnete Carl Hagenbeck »Am Neuen Pferdemarkt« in erweiterten Räumen und machte aus dem Geschäft seines Vaters das größte Tierhandelshaus der Welt.

Adresse Spielbudenplatz 19, 20359 Hamburg-St. Pauli | ÖPNV U3, Haltestelle St. Pauli | Tipp Kultstatus hat der Imbiss Lucullus auf dem Spielbudenplatz.

90 Der Spökelberg

Auf eigene Gefahr

Ein windstiller Abend in Billstedt. Am schwarzen Zaun, vor dem verwilderten Garten, läuft in Gedanken vertieft ein Jogger vorbei. Sieht, wie es weht im hohen Gras. Vor den dunklen Fenstern dahinten. Wie etwas das Gras zu Boden drückt. Obwohl sonst nirgends ein Wind geht. Als hätte sich dort jemand erhoben und schritte, in weite Umhänge gehüllt, zum Tor. Und käme durch den Abendnebel auf ihn zu. Der Jogger steht am Zaun. Kann seinen Blick nicht von dem Gras lösen. Weiß nicht, warum. Gehen will er. Ihn gruselt's. Doch er kann sich nicht rühren …

Ein uralter Platz ist der Spökelberg und ein Ort wüster Kämpfe. Schon Anfang des 9. Jahrhunderts befand sich hier eine Wallanlage, ringförmig angelegt und von hohen Palisaden umgeben. Albrecht von Orlamünde, der Askanier, errichtete im frühen 13. Jahrhundert aus den verfallenen Wällen wieder eine mächtige Wehrburg. Er wollte Hamburg bezwingen. Und wurde vernichtet. Adolf IV. von Schauenburg und seine Hamburger Truppen kehrten 1225 von einem Feldzug aus Mölln heim. Als sie die Zwingburg ihres Feindes Albrecht vor den Toren Hamburgs entdeckten, obwohl nach geltendem Recht im Umkreis von zwei Meilen um die Stadt keine Burg gebaut werden durfte, griffen Adolf Edler von Schauenburg und seine Soldaten an.

Auf dem Hügel, wo die Feste gestanden hatte, blieben Steinhaufen liegen. Manchmal kamen Bauern und Leute aus der Nachbarschaft und trugen ein paar Steine nach Hause, wenn sie Baumaterial brauchten. Es dauerte nicht lange, da hieß es, dass es auf dem verwüsteten Hügel spökelte. Häufig sah man nachts gespenstische Gestalten dort oben sitzen. Zudem sagte man, der Graf von Orlamünde habe große Schätze, darunter die 1.500 Mark Silbers Kaufschilling, welche die Hamburger ihm für die Freiheit ihrer Stadt gegeben hätten, im Inneren des Berges vergraben. Die seien noch nicht geborgen, von keinem. Bis heute nicht …

Adresse Billstedter Hauptstraße 120, 22117 Hamburg-Billstedt | **ÖPNV** Bus 232, Haltestelle Frobeniusweg | **Tipp** Eine empfehlenswerte Führung zum Spukberg bietet die Geschichtswerkstatt Billstedt, Öjendorfer Weg 30a, 22119 Hamburg.

91 Das Stadtteilarchiv

Hamburgs erste Geschichtswerkstatt

Liest man über Hamburgs Geschichte, erfährt man von Karl dem Großen und Bischof Ansgar, vom Hamburger Hafen, von Napoleons Truppen und der Franzosenzeit, dem Großen Brand und der Cholera, vom Nationalsozialismus und den Konzentrationslagern Neuengamme und Fuhlsbüttel und von den Luftangriffen der Operation Gomorrha. Doch schon die Tatsache, dass der heutige Hamburger Stadtteil Altona lange zu Dänemark gehörte, ist vielen nicht mehr geläufig. Und die Biografien der Arbeiter und kleinen Angestellten finden den Weg in die Geschichtsbücher sowieso nicht. Dabei ist das Lebendigste an der Geschichte einer Stadt die Geschichte der Menschen, die darin lebten.

1980 wurde das Stadtteilarchiv Ottensen e. V. gegründet und unterstützte damals das Altonaer Museum bei der Vorbereitung einer Ausstellung zur Geschichte Ottensens. Von Anfang an stand mündlich überlieferte Geschichte (oral history) im Mittelpunkt der Recherche. Nicht über, sondern mit den Bewohnern des Stadtteils wurde nachgeforscht, ihre Interviews lieferten fehlendes Quellenmaterial, und das Archiv entwickelte sich zu einer Sammelstelle für Biografien und Dokumente des Alltagslebens in Ottensen. Die Liste der Schwerpunktthemen reicht von jüdischer Geschichte über die Arbeiterbewegung bis zu Bürgerprotesten gegen das große Hamburger Dauerproblem: die Zerstörung historischer Viertel aus Investoreninteresse.

Als die Geschichtswerkstatt 1986 in die historische Ottensener Drahtstifte-Fabrik Feldtmann im Osterkirchenviertel einzog, geschah das nicht nur, weil dringend mehr Platz gebraucht wurde, sondern auch, um den Erhalt des historischen Gebäudes zu sichern. Für den kleinen gemeinnützigen Verein bedeutete es, bis zur Belastungsgrenze um eine ungewisse Zukunft zu kämpfen. Mit dem Erfolg, dass 1996 der größte Teil der Zeißstraße als architektonisches Zeugnis der Zeit um die Jahrhundertwende unter Denkmalschutz gestellt wurde.

Adresse Zeißstraße 28, 22765 Hamburg-Ottensen | **ÖPNV** S 1, S 2, S 3, S 11, S 31, Haltestelle Altona | **Tipp** Mittlerweile hat Hamburg 19 Geschichtswerkstätten, die Archive führen und Rundgänge veranstalten (www.hamburger-geschichtswerkstaetten.de).

92 Der St.-Marien-Dom

Endlich am Ziel

Die hölzerne Marienkirche St. Ansgars stand nicht innerhalb der Hammaburg, so viel steht für Hamburgs Archäologen und Historiker den neuesten Auswertungen der Grabungsarbeiten von 2005 zufolge fest. Als Vorläuferin des späteren Mariendoms befand sich die hölzerne Domkirche von Bischof St. Ansgar vielmehr genau dort, wo heute die Petrikirche steht. Im 11. Jahrhundert wurde ein steinerner Mariendom errichtet, der in den folgenden Jahrhunderten vielfach verändert und erweitert wurde: Ab 1245 baute man eine dreischiffige Basilika in frühgotischem Stil, die 1329 geweiht wurde und 1443 eine Turmspitze erhielt. Dieser Bau blieb im Wesentlichen bis zum Abbruch 1806 erhalten.

Nachdem der Hamburger Dom 1803 säkularisiert worden war, begannen 1804 die Abrissarbeiten. Offiziell wurde der Abbruch mit dem Hinweis auf die unbedeutend kleine Domgemeinde gerechtfertigt. Heute ist es unvorstellbar, wie damals mit wertvollen Kunstschätzen, Urkunden und Dokumenten umgegangen wurde. Vieles aus dem einzigartigen Dombestand wurde gestohlen, verschenkt oder verkauft. Obwohl der Dom ein bedeutender Begräbnisort mit mehr als 370 Gräbern war, wurden viele der Grabplatten zur Befestigung des Kanalbaus und der Sielanlagen verwendet. Der Steinabfall wurde zum Ausbau der Deiche in Ochsenwerder und Spadenland gebraucht. An den alten Hamburger Mariendom erinnern heute nur noch Straßennamen: Domstraße, Domplatz.

Erst zur Zeit der Industrialisierung und Hafenerweiterung stieg die Zahl der Hamburger Katholiken wieder an, und 1893 konnte die von Architekt Arnold Güldenpfennig im neuromanischen Stil erbaute St.-Marien-Kirche eingeweiht werden. Gut hundert Jahre später wurde St. Marien 1995 zur Kathedrale erhoben. Seitdem ist der Dom Bischofssitz und Zentrum des römisch-katholischen Erzbistums Hamburg, zu dem außer der Freien und Hansestadt Schleswig-Holstein und Mecklenburg gehören.

Adresse Am Mariendom 1, 20099 Hamburg-St. Georg | **ÖPNV** U 1, Haltestelle Lohmühlenstraße | **Tipp** Seine Verbannung nach Hamburg im 10. Jahrhundert war für den römischen Papst Benedikt V. ein Schrecken. Der letzte Vorposten des christlichen Abendlandes bestand aus ein paar Häusern in einem Erdwall, der Dom war aus Holz und umgeben von Schmutz. Benedikt starb am 4. Juli 965. Reste seines Grabmals zeigt das Hamburgmuseum, Holstenwall 24.

93 Das St. Pauli Theater

Wo Faust Gretchen heiratete

»Man bloß keinen auf vornehm machen. Mit Französisch und so. Fangen wir gar nicht erst an.« – So entschieden Hamburgs Kodderschnauzen vor 150 Jahren und verballhornten Carl J. B. Wagners »Varieté-Theater« am Spielbudenplatz zu »Warmtee-Theater«. Reingegangen sind sie scharenweise, und auf den billigen Plätzen war der Teufel los. Kultur mag einschüchtern können – aber oben im zweiten Rang, auf dem Prüüntje-Böhn (hochdeutsch: Pfriem-Dachboden), waren die Manieren so eigen wie das Französisch. Entweder lief es auf der Bühne nach ihrer Nase, oder es flogen, mit Vehemenz ausgespuckt, die weich gekauten Pfrieme zur Decke, dass es unten ins Parkett tropfte. Daher der Name Prüüntje-Böhn, daher die Hamburger Fassung von Goethes Faust. Goethe konnte noch so sehr als der größte deutsche Dichter gelten, sein Schluss von »Faust« ging nicht an. Während des Stücks regte sich tumultartiger Aufruhr im Oberrang. Gretchen sollte nicht sterben. Und er hier, der feine Herr Faust, er hatte gefälligst Flagge zu zeigen, wenn er ein Kerl war. Pfrieme flogen. Die Decke färbte sich dunkel. Es tropfte ins Parkett. »Hei-ra-ten! Hei-ra-ten!«, skandierten die Hamburger Arbeiter von oben. Bis der Faust-Darsteller hektisch auf die winzige Theaterbühne zurückkehrte, schleunigst um Nachsicht für Text und Tragödie bat und dem eben frisch gestorbenen Gretchen die Hand zum Bund fürs Leben reichte.

Lange vor dem legendären Erfolg von Paul Möhrings »Zitronenjette« und etliche Jahrzehnte entfernt von Freddy Quinn in seiner Paraderolle als »Junge von St. Pauli« übernimmt 1884 Ernst Drucker das Theater und führt es zu Ruhm. Julius Schölermann, Polizist in der Davidwache, schrieb ihm ein Stück. Ernst Druckers Name verschwand von der Fassade des Hauses, als die Nazis sich 1941 daran störten, dass der große Hamburger Impresario Jude gewesen war. 2011 nimmt das St. Pauli Theater den Zusatz »ehemals Ernst Drucker Theater« in seinen Namen auf.

Adresse Spielbudenplatz 29–30, 20359 Hamburg-St. Pauli | ÖPNV U3, Haltestelle St. Pauli | Tipp Das Panoptikum am Spielbudenplatz hat eine über 130-jährige Geschichte.

94 St. Petri und Pauli

Älteste Kirche der Vier- und Marschlande

An der Orgel von St. Petri und Pauli saß vor über 300 Jahren der berühmteste Orgelbauer seiner Zeit. Er vollendete die Entwicklung der norddeutschen Barockorgel und schuf in Nordeuropa über hundert Orgelbauten, von denen nur etwa 30 noch erhalten sind. Ein Jahr nach seiner Instandsetzung des Orgelwerks von St. Petri und Pauli legte er am 1. September 1682 in Hamburg den Bürgereid ab. Sein Großvater Berendt war »Snitker«, also Tischler, daher sein Familienname: Arp Schnitger. Für Hamburg schuf er die weltberühmte barocke Arp-Schnitger-Orgel von St. Jacobi.

Als St. Petri und Pauli im späten 12. Jahrhundert erstmals urkundlich erwähnt wird, gehört die Kirche noch zum Bistum Ratzeburg und vereint in ihrer Gemeinde bereits neun Ortschaften aus der Elbmarsch.

Damals war die Kirche zunächst nur Apostel Petrus geweiht. Erst nach dem Abriss des ersten Baus wurde das neue Gotteshaus 1502 durch den Bischof von Ratzeburg als St.-Petri-und-Pauli-Kirche geweiht. Wenig später begann die Reformationszeit. In nur elf Wochen übersetzte Martin Luther im Herbst 1521 auf der Wartburg im thüringischen Eisenach das gesamte Neue Testament in die deutsche Sprache. St. Petri und Pauli übernahm die evangelisch-lutherische Liturgie. Bereits 1549 wurde auf Deutsch gepredigt. Ditmar Koel, der berühmte Kapitän, Seeräuberjäger und Hamburger Bürgermeister, damals Bergedorfer Amtsverwalter, trieb die Entscheidung für Luthers neuen Weg entscheidend voran. Als erster lutherischer Pastor gilt Andreas Falkenberg. Auch heute noch hängt ein Bild von ihm neben der Kanzel.

Noch eine weitere Barockberühmtheit hat an St. Petri und Pauli Spuren hinterlassen: Der Erbauer des Hamburger Michels, Ernst Georg Sonnin, setzte 1759 einen neuen Turm auf den westlichen Anbau der Kirche. Wie beim Michel wurde das Dach vollständig mit Kupfer verkleidet.

Adresse Bergedorfer Schloßstraße 2, 21029 Hamburg-Bergedorf | ÖPNV S 2, S 21, Haltestelle Bergedorf | Tipp In Bergedorf ist ein abwechslungsreicher Rundgang zu den lokalen Sehenswürdigkeiten ausgeschildert.

95 Die Straßen des Blutsonntags

Naziaufmarsch in Altona

Den Namen »Klein-Moskau« haben die Nazis Altona gegeben. Schon lange vor der Weltwirtschaftskrise galten Hamburg und Altona als »rote« Städte. Besonders in Altona war die Arbeiterbewegung ausgesprochen aktiv und erklärter Gegner der Nationalsozialisten. Als bekannt wurde, dass Altonas Polizeipräsident Otto Eggerstedt für den 17. Juli 1932 einen Demonstrationszug von 7.000 SA-Leuten durch Altona genehmigt hatte, suchte ihn deshalb eine Delegation der kommunistisch-antifaschistischen Aktion auf und forderte von ihm, die Veranstaltung zu verbieten. Andernfalls würde man zur Selbsthilfe greifen und versuchen, den angekündigten Naziaufmarsch mit allen Mitteln zu verhindern.

So wie die Nazis die SA als paramilitärischen Kampfverband hatten, gab es bei der KPD entsprechend den Roten Frontkämpferbund. Demonstrationszüge waren für alle populistischen Parteien ein wirksames Mittel, die eigene Propaganda auf die Straße zu bringen. Mit einem provokativen Aufmarsch wollten die Nazis zeigen, wer in Altona die Hosen anhatte. Die KPD rief alle klassenbewussten Arbeiter zur Versammlung in der Breiten Straße auf, um den Naziaufmarsch zu stören und zu verhindern. Die Sozialdemokraten hielten sich raus.

Mittags gegen 12.30 Uhr begann die Versammlung der SA-Leute zwischen Altonaer Bahnhof und Altonaer Rathaus. Etwa um 15 Uhr marschierten die Nazis Richtung Ottensen. Bei der Polizei ging knapp zwei Stunden später die Meldung ein, es werde von Dächern und Balkonen geschossen. Kurz darauf brachen zwei SA-Leute tödlich getroffen zusammen. Der Aufmarsch der Nazis endete in allgemeiner Flucht. Um Ruhe und Ordnung wiederherzustellen, schossen Polizeibeamte willkürlich in die Menge. Am Ende des Altonaer Blutsonntags sind 16 Menschen durch die Polizei gestorben.

Adresse Ottensen/Altona | ÖPNV S1, S2, S3, S11, S31, Haltestelle Altona | Tipp Das Stadtteilarchiv Ottensen veranstaltet regelmäßig Führungen zum Altonaer Blutsonntag (Tel. 040/3903666).

96 Die Stülckenwerft

»Wollt ihr 'ne feuchte Kuhwiese haben?«

Es war ein feuchtes Wiesenstück im Hafen, das Heinrich Christopher Stülcken 1846 von der Stadt Hamburg mietete, um seine Segelschiffwerft aufzubauen. Als Sohn eines Altonaer Schiffbauers kam er aus einer Familie, deren Name im Hamburger Schiffbau für Qualitätsarbeit stand. Fünf Jahre nach Fertigstellung der Holzbark »Hermann« wurde auf der Werft das erste hölzerne Schwimmdock Hamburgs gebaut, das bis 1911 in Betrieb blieb. Gleichzeitig ging man mit Eisenschiffen in Produktion. In rasantem Tempo wuchs das Werftgelände in Hamburg-Steinwerder. Beim Tod des Firmengründers 1873 war die Stülckenwerft mit knapp 900 Beschäftigten eine der großen Hamburger Werften. Sohn Julius Cäsar Stülcken taufte die Firma 1925 um in H. C. Stülcken Sohn.

Der Rüstungsbetrieb im Zweiten Weltkrieg war einträglich. 1939 wurde die Werft über den Steinwerderkanal nach Südosten bis ans Guanofleet erweitert und für die neue, vergrößerte Helling eine berühmt gewordene, 230 Meter hohe Kabelkrananlage gebaut. Spätestens seit 1953 der Schriftzug der Stülckenwerft oben auf den monumentalen Kabelkränen prangte, war sie das weithin sichtbare Wahrzeichen des Hafens. Stülckens Schwergutbaum war die nächste Innovation, die das Bild des Hamburger Hafens von Grund auf veränderte. Seine beiden v-förmig angeordneten Schwergutmasten verluden ohne zusätzlichen Kraneinsatz 600 Tonnen Stückgut und revolutionierten damit den seeseitigen Schwertransport.

Nach Übernahme durch Blohm + Voss begann 1967 die Demontage der Stülckenwerft. Schließlich ging Ende der 1980er Jahre das Werftgelände zur Planierung an die Stadt Hamburg. Die wollte ihr Eigentum im ursprünglichen Zustand wiederhaben. »War 'ne feuchte Kuhwiese«, hieß es aus Steinwerder. »Wollt ihr die zurück?« Auf dem heutigen Musicalgelände von »König der Löwen« wäre vielen Hamburgern, wenn schon kein Industriedenkmal der Stülckenwerft, dann selbst die feuchte Kuhwiese noch lieber.

Adresse Norderelbstraße 6, 20457 Hamburg-Kleiner Grasbrook | ÖPNV S1, S3, Haltestelle Landungsbrücken | Tipp Machen Sie ein Picknick auf den letzten Brachen am Strom mit Blick auf Landungsbrücken und Elbufer.

97_Die Tiefgarage

Bombensicher geparkt

»Mein Vater hat mir oft erzählt, wie er mich beim Alarm schnappte und mit mir dann zum Bunker unter dem Spielbudenplatz gerannt ist«, erinnert sich eine Bewohnerin von St. Pauli, die heute noch hier lebt.

Über sechs Jahrzehnte lang blieben nach dem Krieg sichtbare Spuren des Bunkerbetriebs in der heutigen Tiefgarage erhalten. So war zum Beispiel im zweiten Untergeschoss bei der Toilettenanlage noch der Rest einer Wandbemalung mit fliegenden Vögeln zu sehen. An anderer Stelle, wo früher ein Zugang zum Bunker und später ein Notausgang lag, stand mit schwarzen Buchstaben in einem aufgemalten Kasten an die kahle Wand gepinselt: »Glocke für den Bunkerwart Eingang E«. Daneben befand sich die Klingelanlage. Unter der Decke, rostig, aber so weit intakt, sah man alte Rohranschlüsse aus der Wand kommen und daneben weiß übermalte Lüftungsabzüge im Mauerwerk.

Im Zuge von Umbauarbeiten, bei denen die Toiletten auf die gegenüberliegende Seite verlegt wurden, ist all das seit 2008 bedauerlicherweise verschwunden. Wer heute unter dem Spielbudenplatz parkt, kann kaum noch sehen, was das eigentlich für ein Bauwerk ist, in dem er sein Auto abstellt. Immerhin sind heute noch die ehemaligen Wanddurchbrüche zu erkennen und veranschaulichen sehr deutlich, wie gewaltig dick die Wände des Bunkers gewesen sind.

In fünf Bauabschnitten wurde von 1940 bis 1942 unter dem Spielbudenplatz der zweigeschossige Tiefbunker gebaut. Es handelte sich dabei um die bei Weitem größte Anlage dieser Art Hamburgs. Ausgestattet mit Sitzplätzen für 5.000 Personen, suchten dort bei Bombenalarm bis zu 20.000 Menschen gleichzeitig Schutz, sodass die Atemluft knapp wurde. Von den ursprünglich zehn Treppeneingängen werden heute noch zwei als Zugänge zu den öffentlichen Toiletten genutzt. Früher befanden sich hier große Splitterschutztüren und die Gasschleusen.

Adresse Spielbudenplatz, 20359 Hamburg-St. Pauli | ÖPNV S1, S31, Haltestelle Reeperbahn; U3, Haltestelle St. Pauli | Tipp Interessierte können mit Führungen von »unter Hamburg e. V.« weitere Bunkeranlagen Hamburgs besichtigen (www.unter-hamburg.de).

98 Der Tisch mit zwölf Stühlen

Die KPD und der Seifenladen »Waschbär«

Auf der Tischplatte des Mahnmals häufen sich leere Bierflaschen. Ein paar Gymnasiasten stehen abseits ins Gespräch vertieft, beteuern glaubwürdig, die Flaschen nicht dorthin gestellt zu haben, und packen beim Wegräumen mit an. Sei wieder typisch Hamburg, kommentiert einer, wie lieblos hingehauen in der reichen Hansestadt die Mahnmale für Opfer des Faschismus immer gemacht seien, was eigentlich jeder, Thema Wertschätzung, schon als Gegenstatement lesen müsse.

Von documenta-Preisträger Thomas Schütte stammt der Entwurf der Mahntafelrunde zum Gedenken an Hamburgs kommunistische Widerstandsbewegung Bästlein-Jacob-Abshagen und ihre Geheimtreffen im Seifenladen Waschbär in der Osterstraße 100 (später verlegt in die Emilienstraße 30). Die Hamburger Lehrerin Magda Thürey unterrichtete an der Schule Methfesselstraße, später an der Schule Lutterothstraße. Sie war 1925 der KPD beigetreten. Als Expertin für Schulfragen gehörte sie bis 1933 zeitweilig der Hamburgischen Bürgerschaft an, ehe sie namens des Nazigesetzes zur »Wiederherstellung des Berufsbeamtentums« aus dem Schuldienst entlassen wurde. Ihren Ehemann Paul Thürey, der als Maschinenbauer ebenfalls arbeitslos geworden war, heiratete sie nach ihrer Entlassung.

Um sich eine Existenz aufzubauen, erwarb das Ehepaar den Seifenladen, der im Krieg Versammlungsort der illegalisierten KPD wurde. Flugblätter und Druckschriften wurden in Seifenkartons versteckt. Die Mitglieder der Widerstandsbewegung – einige aus der Hamburger Weißen Rose – starben, weil sie versuchten, jüdische Familien vor der Deportation zu retten, ausländische Rundfunksender hörten, sich offen gegen den Nationalsozialismus, den Krieg und die Gleichschaltung der Gewerkschaften äußerten, Kontakt zu ausländischen Widerstandskämpfern aufnahmen und Berichte zu den Zuständen in den KZs veröffentlichten.

Adresse Grünanlage Kurt-Schill-Weg, 22455 Hamburg-Niendorf | ÖPNV U2, Haltestelle Niendorf Nord | Tipp Hinter dem Nordalbingerweg liegt der Grotseepark mit See und Spielplatz.

99 Das Tor zur Hölle

Zittern beim Schlüsselrasseln vor der Tür

Fritz Solmitz wurde 1893 in Berlin geboren. 1924 verlegte der promovierte Jurist und Journalist seinen Wohnsitz nach Lübeck, wo er im März 1933 von den Nazis verhaftet wurde. Dr. Solmitz wurde ein Schild mit der Aufschrift »Jude« umgehängt. Anschließend wurde er durch die Stadt getrieben und öffentlich verhöhnt. Nach zweimonatiger Haft in Lübeck-Lauerhof wurde er in Haus II des KZs Fuhlsbüttel inhaftiert. Erbaut 1906 für maximal 726 männliche Häftlinge, wurden während des Faschismus bis zu 1.000 Frauen und Männer hinter den Mauern des Tors zur Hölle gefangen gehalten.

In einer beeindruckenden Dauerausstellung zeigt die Gedenkstätte unter anderem ein Duplikat des Tagebuchs, das Dr. Solmitz während seiner Haft führte. Geschrieben auf Zigarettenpapierchen, die er in seiner Taschenuhr verbarg: »Es bleibt mir nur die Wahl, bei jedem Schlüsselrasseln vor der Tür zu zittern oder zum Strick zu greifen.« – »Ich lebe noch. Mut oder Feigheit? Vor allem Grauen vor d. Todesart: ›Erhängter Zuchthäusler‹ u. vor d. Verscharren. Denn m. Leichnam würde jetzt bestimmt nicht freigegeben. Dazu sieht der Rücken zu grauenhaft aus.« Einer von Dr. Solmitz' Mithäftlingen war Arbeiterschriftsteller Willi Bredel, der seine brutalen Haftbedingungen in seinem Buch »Die Prüfung« verarbeitete. Bereits 1934 in London und Moskau erschienen, lieferte der über eine Million Mal verkaufte Roman der Weltöffentlichkeit lange vor dem Krieg eine realistische Darstellung der Zustände in deutschen Konzentrationslagern.

Hamburgs große Schauspielerin Ida Ehre, die 1933 mit Berufsverbot belegt worden war, wurde 1943 in »Kola-Fu« inhaftiert. In ihren Lebenserinnerungen schildert sie ihre Anstrengung, ihre weiblichen Mithäftlinge davon abzubringen, sich aufzugeben. Einer Selbstmörderin verband Ida Ehre eigenhändig die Handgelenke und rettete ihr das Leben. Dieselbe Gefangene wurde später deportiert und ermordet.

Adresse Suhrenkamp 98, 22335 Hamburg-Ohlsdorf | **Öffnungszeiten** So 10–17 Uhr | **ÖPNV** Bus 174, Haltestelle Maienweg | **Tipp** Am Alsterwanderweg liegt das Restaurantcafé Zur Ratsmühle, Ratsmühlendamm 2 (geöffnet April–Sept. täglich, Okt.–März Di–So ab 12 Uhr).

100 Das Trockendock Elbe 17

Gerettet durch Protest

Die Weltwirtschaftskrise hinterließ schwere finanzielle Schäden am Hamburger Hafen, doch nach dem Ende der Weimarer Republik zog die Zeit der permanenten Kriegsrüstung durch die Nationalsozialisten herauf. Das Reichsfinanzministerium stellte 1938 die Mittel zur Verfügung, im Auftrag des Oberkommandos der Marine im Hamburger Hafen, dem größten Seehafen des Deutschen Reiches, ein riesiges Trockendock hochzuziehen. Standort war das Gelände von Blohm + Voss auf Steinwerder, die Bauausführung übernahm die Münchner Betonbaufirma Dyckerhoff & Widmann.

Gebaut wurde ein Hafenbecken mit Sperrvorrichtung, das eine Wassermenge von 240.000 Kubikmetern fasste. Drei riesige Pumpen mit einer Leistung von je 11.000 Kubikmetern legten das Dock nach Einfahrt des Schiffes und Schließung des Sperrtores trocken. Eine Bodenplatte aus neun Meter (!) dickem Stahlbeton verhinderte, dass die Schiffe während der Reparatur durch den Boden brachen. Ungeachtet der enormen Kosten des Bauvorhabens wurde Elbe 17 innerhalb von vier Jahren fertig. Zur geplanten Nutzung als Bau- und Reparaturdock kam es während des Krieges jedoch nicht. Der gewaltige Betonbau wurde als Luftschutzbunker genutzt. Bis zu 6.000 Hafenarbeiter kamen bei Luftangriffen hier unter.

Die britischen Alliierten forderten nach Kriegsende die Sprengung von Elbe 17, doch es kam etwas dazwischen: Hamburg protestierte massiv. Grund war das unkalkulierbare Risiko, durch die Druckwellen den Elbtunnel schwer zu beschädigen. Auf den St.-Pauli-Landungsbrücken, entlang der Hafenstraße, auf dem Stintfang und auf Steinwerder versammelten sich 1950 am Tag der geplanten Sprengung Tausende von Hamburger Bürgern zum Protest. Um keine Menschenleben zu gefährden, wurde die Sprengung verschoben. Heute werden im Trockendock Elbe 17 Container- und Kreuzfahrtschiffe überholt und gewartet. Auch die »Queen Mary« ist gelegentlich zu Gast.

Adresse Hermann-Blohm-Straße 3, 20457 Hamburg-Kleiner Grasbrook | **Öffnungszeiten** Die Werft kann nicht besichtigt werden, ist aber vom gegenüberliegenden Ufer aus bestens zu sehen. | **ÖPNV** U3, S1, S2, S3, Haltestelle Landungsbrücken | **Tipp** In den Restaurants des Portugiesenviertels (mit der Ditmar-Koel-Straße als Hauptschlagader) erwacht Fernweh.

101 Die U-434

Relikt aus dem Kalten Krieg

Der Gigant, Baujahr 1976, wurde in der russischen Werft Krasnoe Sormovo in Gorki für ein sowjetisches Geheimprojekt gebaut und gehört zur Tango-Klasse, wie die NATO diesen U-Boot-Typ nannte. Vermutlich gab es 20 Boote dieses Typs, drei davon, auch die U-434, gehörten einer Sonderbaureihe an. Die Bauzeit betrug acht Monate, danach lief das Boot unter der russischen Bezeichnung B-515 vom Stapel und nahm im Dienst der russischen Nordmeerflotte schwer bewaffnet Kurs auf die Ostküste der USA. Auftrag: geheime Spionagemission. Ein Waffenarsenal bestehend aus sechs Torpedorohren, 24 Torpedos Kaliber 533 mm mit einer Länge von 8,14 Metern und einer Geschwindigkeit von circa 60 Knoten sowie Seeminen und Raketentorpedos war an Bord. Das heute noch seetüchtige U-Boot wurde mit einer sechs Zentimeter dicken Gummibeschichtung ummantelt, sodass es für die Schallwellen der Unterwasserortung Sonar unsichtbar blieb.

Nur sehr selten hat Russland in Absprache mit den Geheimdiensten U-Boote in den Museumsbetrieb übergeben. Doch bei der U-434 ist es gelungen. Nach fast 26 Jahren im Dienst der russischen Marine wurde es außer Dienst gestellt, 2002 von Investoren für eine Million Euro für das U-Boot-Museum gekauft und nach Hamburg gebracht. Der Transport schlug mit einer weiteren Million zu Buche. Bei Blohm + Voss wurde die U-434 zum Museum umgebaut.

An ihrem früheren Liegeplatz sank und stieg die U-434 mit Ebbe und Flut. Durch eine feste Verankerung mit dem Boden bleibt das U-Boot nun auf Grund, und bei Flut entsteht der Eindruck des Tauchens. Es hält dem Druck in 400 Metern Tiefe stand und konnte bei voller Besatzung maximal 3,5 Tage lang unten bleiben.

Die hoch entwickelten kampftechnischen Möglichkeiten der U-434 hinterlassen einen zutiefst beunruhigenden Eindruck. Vor diesem Hintergrund möchte die Museumsleitung das U-Boot ausdrücklich als Mahnmal gegen den Krieg verstanden wissen.

Adresse St. Pauli Fischmarkt 10, 20359 Hamburg-Altona-Altstadt | **Öffnungszeiten** Mo–So 10–18 Uhr | **ÖPNV** Bus 111, Haltestelle Fischauktionshalle | **Tipp** Hinter Hadi Teheranis Neubauten am Elbberg kann man von der Brücke aus noch einen Blick auf den alten Schellfischtunnel werfen.

102 Der U-Boot-Bunker Fink II

130.000 Kubikmeter Stahlbeton

Es war ein gewaltiges Bauvorhaben, auf dem Gelände der Deutschen Werft in Finkenwerder (gegründet nach dem Ersten Weltkrieg von Albert Ballin) aus massiven Betonwänden riesige Schutzkammern für U-Boote zu errichten. Doch die Luftangriffe der Alliierten zwangen ab 1940 zur Befestigung der Anlagen, denn U-Boote waren die wirksamste Waffe der deutschen Kriegsmarine. Von 1941 bis Kriegsende wurden auf der Deutschen Werft – nach dem Krieg zeitweise die größte Werft der Welt – 113 Unterseeboote gebaut. Um sie vor Luftangriffen zu schützen, wurde ab 1941 das Westufer des Rüschkanals zu einem Hafenbecken erweitert und mit über 130.000 Kubikmetern Stahlbeton eine gewaltige, aus fünf aneinandergereihten Kammern bestehende Anlage gebaut. Im Hamburger U-Boot-Bunker mit dem Tarnnamen »Fink II« wurden die Unterseeboote überholt, repariert und seetüchtig gemacht.

Mehreren gezielten Bombardierungen hielt die Anlage stand, was zur Folge hatte, dass auch die Zivilbevölkerung darin Schutz suchte. Die fünf Kammern mit großen Werkhallen waren durch einen Gang auf der Rückseite miteinander verbunden. Erst 1945 durchschlug eine Bombe die Decke des Bunkers, doch selbst danach waren die Reparaturanlagen noch funktionstüchtig, und der Betrieb konnte weiterlaufen. Erst nach Hamburgs Kapitulation und dem Ende des Krieges sprengten die britischen Alliierten im Oktober 1945 Fink II und brachten diesmal endgültig die Wände zum Einstürzen.

In den Jahren nach dem Krieg sollte der gesamte Bunker abgerissen werden, doch die aufwendigen und kostenintensiven Arbeiten blieben unbeendet. Inzwischen gehört dieser Teil der ehemaligen Deutschen Werft zum Airbusgelände. Die historischen Überreste des Finkenwerder U-Boot-Bunkers sollen nicht mehr abgerissen werden. Zwei der ehemaligen Kammern ohne Decke sind noch deutlich zu erkennen und sollen als Denkmal erhalten bleiben.

Adresse Rüschweg, 21129 Hamburg-Finkenwerder | **ÖPNV** Bus 146, Haltestelle Leegerwall | **Tipp** Im Rüschpark steht Axel Groehls Mahnmal zur Erinnerung an die Zwangsarbeiter der Deutschen Werft.

103 Wilmans Park 17

Juwel aus dem Jahr 1925

Eine ruhige Seitenstraße zweigt von der Oesterleystraße ab. Für Blankeneser Verhältnisse ist die extreme Hanglage des Wilmans Parks nicht außergewöhnlich. Wo die Straße in westlicher Richtung abbiegt, liegt an der Kurve eine rotbraun gestrichene Tormauer. Aufgrund ihrer imposanten Höhe – und weil sie auf den ersten Blick frei zu stehen scheint – entsteht der Eindruck einer im dämmrigen Zwielicht hoher Bäume stehenden Filmkulisse. Vier Blendpfeiler (Pilaster) rahmen zwei schmale, jeweils eintürige und ein deutlich größeres, zweiflügliges Rundbogentor. Steht man nah genug davor, um Farbigkeit und Zierbeschläge der drei Tore bewundern zu können, gerät man ins Grübeln. Einerseits drei Tore. Als würden regelmäßig scharenweise geladene Gäste ein und aus gehen. Wird dann das breite Tor in der Mitte für Limousinen, wenn nicht gar für Zweispänner geöffnet? Die beiden schmalen rechts und links daneben für Passanten?

Andererseits hat man gleichzeitig den Eindruck, dass sie schon seit langer Zeit nicht mehr geöffnet wurden. Weil dahinter alles so ruhig ist, als würden das exquisit entworfene, wenn auch leider nicht öffentlich zu besichtigende Anwesen und die stilsichere Gartenarchitektonik seit vielen Jahren im Dornröschenschlaf liegen. Im parkartigen Garten nimmt die 75 Meter lange Rasenterrasse exakt die Breite des Hauses auf. In klarer Linie der Hanglage folgend, führt sie über eine perfekt proportionierte Freitreppe zu einer Pergola am Südende der Rasenfläche. Villa und Garten erzeugen gemeinsam einen klaren und erhabenen Gesamteindruck.

Passt das nicht gut zum geheimnisvollen Image eines großen Hamburgers mit weißem Mozartzopf und der distinguiert-rotzigen Allüre des Rokoko-Aristokraten? Eben. Auch wenn der berühmte Elbsohn sich nicht entschließen konnte, in Hamburg zu leben: Die 1925 von Ersteigentümer Witte gebaute Villa in Wilmans Park 17 gehörte Anfang der 1990er Jahre Karl Lagerfeld.

Adresse Wilmans Park 17, 22587 Hamburg-Blankenese | ÖPNV Bus 48, Haltestelle Wilmans Park | Tipp Die Kahlkampschule, Kahlkamp 9, ist die älteste noch betriebene Schule Hamburgs.

104 Der Wohldorfer Waldpfad

Nachmittag im Zauberwald

Schon den Hochbahnwanderweg entlangzugehen entspannt, als wäre man nicht mehr in der Stadt. Am U-Bahnhof Ohlstedt, hinter der Waldschule, beginnt dann der Wanderpfad durch einen der schönsten Wälder von Hamburg. Eigentlich war geplant, hier eine Museumsbahn fahren zu lassen, nachdem die letzte Strecke der Kleinbahn zwischen Wohldorf und Ohlstedt 1961 stillgelegt worden war. Stattdessen wurde ein Wanderweg angelegt, an dessen Stationen man Vögel beobachtet und die Hölzer des Ohlstedter Baumbestandes am Klang zu unterscheiden lernt. Im Großen und Ganzen ist der Pfad gut ausgeschildert, nur an einer Stelle fehlt ein Hinweis. Nach Station Nummer 6, wo sich die Wege kreuzen, geht es zur Nummer 7 rechts weiter.

Wohldorf und Ohlstedt sind über 700 Jahre alt. Schon damals bestand die Burganlage des späteren Herrenhauses Wohldorf. Die Schauenburger Grafen, seit Adolf I. (im Jahr 1110) Lehnsherren in Hamburg, bauten sich Burg Woltorpe als Verteidigungsfestung und Amtssitz. Selbstverständlich führt der Waldpfad auch am heutigen Herrenhaus vorbei, das längst in Privatbesitz ist.

Die alte Kupfermühle wurde 1841 im Betrieb der Reederfamilie Sloman zum Industriestandort. Die Kupferhämmerei, in der ein wasserkraftbetriebener Hammer das erhitzte Kupfer zu Platten flach schlug, bekam 140 Jahre später einen Fabrikschornstein und wurde zur Baumwollweberei umfunktioniert. Die Industrialisierung brachte der Kupfermühle wirtschaftlichen Wohlstand. Für die Arbeiter jedoch waren es Jahre des Elends und der Schinderei. Die Armut war schlimm und die Bezahlung so miserabel, dass selbst Kinder in der Fabrik mitarbeiteten, damit die Familie durchkam. Das erhaltene Arbeiterhaus Langer Jammer und sein Schwestergebäude Kurzer Jammer, das hinter der Kupfermühle erbaut wurde, belegen die Zeit der späten 1870er Jahre, als in der Baumwollweberei bis zu 250 Menschen aus Ohlstedt und den umliegenden Nachbardörfern arbeiteten.

Adresse U-Bahnhof Ohlstedt, 22397 Hamburg-Wohldorf-Ohlstedt | **ÖPNV** U 1, Haltestelle Ohlstedt | **Tipp** Am See liegt der Gasthof Zum Bäcker, Herrenhausallee 9.

105_Das Wohnhaus der Kanzlerin

Angela Merkels Kinderzimmer

Die ostdeutsche Kanzlerin ist gebürtige Hamburgerin. Nach ihrer Geburt in der Elim-Frauenklinik Hohe Weide hat Angela Merkel die ersten sechs Wochen ihres Lebens in der Isestraße 95, Erdgeschoss rechts, gewohnt.

Je mulmiger einem beim Blick in die Zukunft Europas wird, desto lieber schaut man zurück, weit zurück, bis endlich eine gute alte Zeit die gegenwärtige Verunsicherung lindert. Die Finanzkrise hat in Europa eine nie für möglich gehaltene Armut entfesselt und in südeuropäischen Staaten mittlerweile bereits den bürgerlichen Mittelstand in die soziale Verelendung gedrängt. Viele sehen in Frau Merkel eine Kanzlerin der Wirtschaftseliten, die zuerst an Bilanzen und danach an Menschen denkt. So auch der griechische Herausgeber Georgios Tsangras, als er im Sommer 2012 beim Internationalen Strafgerichtshof in Den Haag seine Strafanzeige gegen die deutsche Kanzlerin einreichte. Der Straftatbestand lautete: Verbrechen gegen die Menschlichkeit und schwere Verletzung der Menschenrechte des griechischen Volkes.

In solchen Zeiten tut ein bisschen Imagepflege gut. Mit einfachen Mitteln zeigen, dass Angela Merkel ein Mensch ist wie du und ich. Insofern war der Vorschlag der Hamburger CDU-Bürgerschaftsfraktion, am Haus Isestraße 95 eine Gedenktafel anzubringen, nachvollziehbar. Inzwischen ist dagegen entschieden worden. Erstens hätte die kostspielige Tafel zu hundert Prozent aus Spenden finanziert werden müssen. Zweitens erging abschlägiger Bescheid, weil am Barmbeker Elternhaus von Helmut Schmidt auch keine Tafel hängt. Außerdem scheiterte der Vorschlag daran, dass die Anwohner ihr Einverständnis hätten geben müssen. Das haben sie nicht getan. Wichtiger als der Hinweis auf die berühmte Bewohnerin ist, dass im Haus die Fenster heil bleiben.

Adresse Isestraße 95, 20149 Hamburg-Harvestehude | **ÖPNV** U 3, Haltestelle Eppendorfer Baum | **Tipp** Die Fischbrücke Eppendorfer Baum ist die süßeste Brücke Hamburgs.

106 Die Wohnung Rubinsteins

Er hat den Leuten gezeigt, was Flamenco ist

In der Wohlwillstraße 14, oben hinter den Fenstern ohne Absturzsicherung, wohnte Sylvin Rubinstein. Die Gitter hat man ihm zuliebe weggelassen, weil der große Tänzer und Widerstandskämpfer, der mit 98 Jahren in Hamburg starb, nicht mehr »eingesperrt« sein wollte. Sein Name stand nicht an der Tür. In St. Pauli, wo der alte Mann sich sicher fühlte, weil er in den Punks, Musikern und Huren auf dem Kiez Kommunisten sah, in seinen Worten »Menschen, die Juden nichts tun«, kannte ihn jeder nur als Dolores.

Rubinstein und seine Zwillingsschwester Maria wurden 1914 in Moskau geboren. Die Kinder einer jüdischen Tänzerin und eines russischen Fürsten, der während der Revolution ermordet wurde, wuchsen im polnischen Exil auf, erhielten Ballettunterricht und traten bald gemeinsam als Flamencotänzer auf. In den 1930er Jahren wurden die beiden als »Imperio und Dolores« auf der ganzen Welt berühmt. Ihre triumphale Tänzerkarriere endete, als die Geschwister von einer Tournee in Amerika zurückkehrten, weil sie ihre Mutter nach dem Einmarsch der Deutschen in Warschau nicht alleinlassen wollten. Die Rettung missglückte. Rubinsteins Mutter und seine Schwester Maria wurden ermordet.

Die Deutschen blieben schicksalhaft in seinem Leben. Mit Major Werner, 257. Infanteriedivision, 1. Bataillon, brachte Rubinstein 1942 im galizischen Krosno (Polen) jüdische Kinder in einem Kloster unter und rettete ihr Leben. Verkleidet in Wehrmachtsuniformen brachten die Mönche die Kinder über die Grenze. Rubinstein tarnte sich mit Frauenkleidern und unterstützte Major Werner, der für den britischen Geheimdienst arbeitete. Der Major verhalf dem Flamencotänzer 1943 zu gefälschten Papieren und einer Ausreise aus Polen als Arbeiter nach Berlin. 1945 setzte sich Rubinstein bei den Alliierten für seinen Freund Werner ein, der daraufhin umgehend aus der amerikanischen Kriegsgefangenschaft entlassen wurde.

Adresse Wohlwillstraße 14, 20359 Hamburg-St. Pauli | ÖPNV S1, S2, S3, Haltestelle Reeperbahn | Tipp In der Simon-von-Utrecht-Straße 79 hat Heinrich Habitz alias Liddy Bacroff gewohnt. Liddy Bacroff musste im KZ Mauthausen sterben, weil er homosexuell war und Frauengarderobe trug.

107 Die Zeisehallen

Vom Propellerkonkurs zum Programmkino

Der britische Thriller »Noch 18 Stunden bis zur Ewigkeit«, einer der besten Katastrophenfilme der 1970er Jahre, spielt auf einem Kreuzfahrtschiff. Im Drehbuch trägt es den Namen S.S. Brittanic. Dasselbe Schiff wurde kurz nach dem Fall der Berliner Mauer zum geheimen Treffpunkt von Sowjetstaatschef Michail Gorbatschow und US-Präsident George Bush. Bei heftigem Seegang vor Malta verhandelten die beiden an Bord den Abschluss eines Abrüstungsabkommens. Der Name des sowjetischen Kreuzfahrtschiffes lautete Максим Горький (Maxim Gorkiy). Die Schiffsschraube des Luxusliners war made in Germany, genauer gesagt in Ottensen.

Als das Turbinentankschiff »Tina Onassis« 1953 auf der Werft Howaldtswerke Hamburg vom Stapel lief, war im Schiffbau ein Rekord gebrochen worden. Die »Tina Onassis« war damals der größte Tanker der Welt. Angetrieben wurde der Gigant von einem technischen Meisterwerk der größten deutschen Schiffspropellerfabrik: Theodor Zeise GmbH & Co.

Unternehmer Theodor Zeise gründete die Firma im Jahr 1868. In der Werkhalle in Ottensen wurden Propeller bis zu einem Gesamtgewicht von 61 Tonnen und einem Durchmesser bis zu 9,4 Meter gefertigt. Zeises Konstrukteure Hans Brehme und Klaus Meyne entwarfen Hochleistungspropeller für Supertanker und brachten das Unternehmen an die Weltspitze. 1975 wurden die Zeisewerke wegen finanzieller Schwierigkeiten vom Lübecker Konkurrenten Schaffran Lehne & Co. übernommen. Während der Ölkrise gingen an allen deutschen Werften die Bauaufträge für Tanker dramatisch zurück. Zeise musste 1979 im 111. Jahr seines Bestehens Konkurs anmelden.

1993 eröffneten die Zeise Kinos in der ehemaligen Schiffsschraubenfabrik. Die ruhige, beinahe vornehm distanzierte Atmosphäre in den historischen Werkhallen und die stilvolle Ausstattung der Säle haben es auf Anhieb zu einem der schönsten Kinos Hamburgs gemacht.

Adresse Friedensallee 7, 22765 Hamburg-Ottensen | ÖPNV S1, S2, S3, S11, S31, Haltestelle Altona | Tipp Im ehemaligen Konferenzraum der Zeisewerke, Friedensallee 7, eröffnete Ende der 1970er Jahre die Filmhauskneipe und ist bis heute geblieben.

108 Die Zitronenjette

»Zitroon, Zitroon, frische Zitroon!«

Wasserträger Hummel, die Vogeljette und die Zitronenjette sind Hamburger Originale. Doch Sympathie drückt sich darin nicht aus. Die Faszination für diese Sonderlinge war mit Abwehr gegen ihre Andersartigkeit verbunden.

Zitronenjette, die eine Wachstumsstörung hatte und nicht größer als 1,30 Meter wurde, blieb zeitlebens eine Außenseiterin. Obwohl sie von morgens bis abends unter Menschen war. 40 Jahre lang, von 1854 bis 1894, soll sie ihr Sprüchlein »Zitroon, Zitroon, frische Zitroon!« gerufen haben und war Tag und Nacht zu Fuß mit ihrem Zitronenkorb unterwegs.

Geboren 1841 in Dessau, kam Johanne Henriette Marie Müller im Alter von 13 Jahren nach Hamburg und musste für ihren Lebensunterhalt selbst sorgen. Eine Streunerin war sie, heute würde man sagen ein Straßenkind. Tagsüber verkaufte Jette ihre Zitronen von Tür zu Tür. Nachts zog die junge Frau unbegleitet durch die Kneipen von St. Pauli. Beschützerinstinkte hat sie in den Männern offenbar nicht geweckt. Im Gegenteil, gerade weil sie jung und offenbar ein bisschen schwer von Begriff war, holte sie jeder an seinen Tisch. Man spendierte ihr einen Schnaps und machte sich einen Spaß daraus, dass sie sogar große Gläser leer trank. Jette soll viel gesungen und viel gelacht haben, aber man lachte nicht mit ihr, sondern über sie. Das hat sie nicht mitbekommen, oder wollte es nicht merken. Auch nicht, dass die netten Onkels ihr zu wenig oder gar kein Geld für ihre Zitronen gaben.

Ob Jette im Alter wirklich geistig umnachtet war oder ob man den Anblick der alten Trinkerin, zu der man sie gemacht hatte, nicht mehr ertragen mochte, bleibt offen. Mit über 50 Jahren wurde Johanne Müller entmündigt und bis zu ihrem Tod in die Irrenanstalt Friedrichsberg eingeliefert. Sie starb 1916 in Hamburg. Das Denkmal der Zitronenjette schuf der Künstler Hansjörg Wagner. Es wurde 1986 aufgestellt.

Adresse Treppe beim Teilfeld, 20459 Hamburg-Neustadt | **ÖPNV** U 3, Haltestelle Rödingsmarkt | **Tipp** Das Old Commercial Room beim Michel hat für seinen Labskaus die Goldmedaille bekommen.

109 Die Zollenbrücke

Geschichte der Tollnebrugghe

Zum ersten Mal wird Hamburgs älteste erhaltene Fleetbrücke, die 1631 bis 1633 gebaut wurde, bereits im Jahr 1355 erwähnt. Damals hieß sie Tollnebrugghe, denn hier musste der Schauenburger Zoll entrichtet werden. Die Geschichte der Brücke ist eng mit der Schauenburger Herrschaft im 12. Jahrhundert, den drei Grafen Adolf zu Schauenburg und Hamburgs Aufstieg zur Freien Reichsstadt verbunden.

Herzog Lothar von Sachsen (späterer König und Kaiser des Heiligen Römischen Reiches) verlieh die Grafschaften Holstein und Stormarn, zu denen auch Hamburg gehörte, an Graf Adolf I. Sein Sohn, Graf Adolf II., forcierte die Besiedelung Ostholsteins und drängte die Slawen zurück, wodurch Hamburg vom gefährdeten Grenzort zur stabilen Stadt wurde. Mit Entstehung der Hamburger Neustadt unter Adolf III. wurde der Hafen zum Wirtschaftsstandort und brachte Zolleinnahmen ins Zollhaus an der Tollnebrugghe.

Fünf Jahrhunderte später ratifizierte 1768 König Christian VII. von Dänemark und Hamburg den Gottorper Vergleich, dem zufolge Hamburg die Zolleinnahmen behalten durfte. Zudem wurde von den Fürsten des Hauses Holstein Hamburg als Freie Reichsstadt anerkannt. 1806 dankte Kaiser Franz II. ab und verkündete das Ende des Heiligen Römischen Reiches. Napoleons Aufstieg schien nicht mehr aufzuhalten zu sein. Im Zuge der Besetzung der Stadt Hamburg am 19. November 1806 durch französische Truppen wurde das Zollhaus der Tollnebrugghe abgerissen. Napoleon begann eine Kontinentalsperre als Handelsboykott gegen England aufzubauen.

Das Gusseisengeländer mit Kandelabern wurde 1835 nach einem Entwurf von Otto Sigismund Runge, Sohn von Philipp Otto Runge, in der Werkstatt von David Christopher Mettlerkamp gegossen, keinem Geringeren als dem Befehlshaber der Hanseatischen Bürgergarde im Feldzug gegen Napoleons Truppen. Von Mettlerkamps Vater stammte der erste Blitzableiter Deutschlands auf Hamburgs Hauptkirche St. Jacobi.

Adresse Zollenbrücke, 20457 Hamburg-Altstadt | ÖPNV U3, Haltestelle Rödingsmarkt; U1, Haltestelle Meßberg | Tipp Die Ellerntorsbrücke an der Fleetinsel ist die zweitälteste Brücke Hamburgs.

110 Das Zollenspieker Fährhaus

Toln Spieker

Die Fähre zwischen Hoopte und Zollenspieker hat einen Anleger direkt vor dem denkmalgeschützten Traditionshaus in Kirchwerder. Heute nehmen die Barkassen Hochzeitsgesellschaften, Ausflügler und Badegäste mit über den breiten Strom, doch in früheren Jahrhunderten fuhr die Fähre hier, an einer der ältesten Hamburger Elbfährstellen, zur historischen Zoll- und Fährstätte, von der aus der Grundherr seine Elbhoheit überwachen ließ. Für 1252 ist erstmals ein Zollturm unter dem Namen Eslinge (Eyslinge) urkundlich belegt. Erbaut wurde die Kontrollstation hier, am südlichsten Punkt Hamburgs, aus demselben Grund, der heute Naturliebhaber und Wanderer herlockt: wegen des herrlichen, weiten Blicks über die Elbe und ihre Ufer. Die Schiffswege sind hier in alle Richtungen so gut einsehbar, dass den Zollwärtern nichts entging. Mit der Zeit wurde Eslinge als Standort an der alten Handels- und Heerstraße mehr und mehr bekannt, sodass ein Ortsname gefunden werden musste, der seine Bedeutung als Zollstation verdeutlichte. Seit 1460 taucht der Name »Toln Spieker« auf, übersetzt Zollspeicher. Im Toln Spieker wurden Zölle erhoben und Waren gelagert. 1620 zerstörten Lüneburger Truppen das Gebäude, doch schon im folgenden Jahr wurde es am selben Standort wiederaufgebaut.

Mit Aufhebung der Zollkasse begann für das Zollhaus in Kirchwerder das wohlverdiente Dolce Vita. Der Anbau eines großen Tanzsaales folgte. Dem geplanten Abriss entging das Fährhaus im letzten Moment. Damals wurde es von einem Gastronomen gekauft und seitdem als Restaurant geführt. Draußen gibt es einen herrlichen Biergarten unter alten Kastanien mit Blick über die Elbe. Nach über 750-jähriger Geschichte ist das Zollenspieker Fährhaus am Elbkilometer 598,5 (mit Flutschutz bis 7,20 Meter Hochwasserstand!) heute nostalgisch-romantischer Ausflugsort und modernes Vier-Sterne-Hotel.

Adresse Zollenspieker Hauptdeich, 21037 Hamburg-Kirchwerder | **ÖPNV** Busse 120, 124, 323 und 424, Haltestelle Zollenspieker | **Tipp** Das winzige Pegelhaus mit Blick auf die Elbe ist Hamburgs kleinstes Restaurant und kann für ein Dinner zu zweit gemietet werden.

111 Die Zwangsarbeitsbaracken

Erinnerung an Hamburgs Zwangsarbeiter

Während des Zweiten Weltkriegs war Hamburg ein Zentrum der Rüstungsindustrie. Mehr als 400.000 Menschen aus den von Deutschland besetzten Ländern leisteten hier Zwangsarbeit. Insgesamt wurden fast sechs Millionen ausländische Arbeitskräfte zwangsverschleppt, um sie für die Kriegswirtschaft des »Dritten Reiches« arbeiten zu lassen. Bis 1944 erhöhte sich ihre Zahl zusätzlich um circa zwei Millionen Kriegsgefangene. Die Zwangsarbeiterinnen und Zwangsarbeiter sollten die zum Kriegsdienst eingezogenen deutschen Arbeitskräfte ersetzen. Gleichzeitig verschaffte sich die deutsche Industrie durch jahrelange massive Ausbeutung unbezahlter und unversicherter menschlicher Arbeitskraft immense Gewinnspannen.

Das heute noch im Wilhelm-Raabe-Weg erhaltene Barackenlager wurde 1942 für die Firma Kowahl und Bruns gebaut. Fritz Kowahl und Emil Bruns firmierten als Garten- und Landschaftsgestalter und waren ab 1942 unter anderem mit der Tarnung des Flughafens beauftragt. Das Lager bestand ursprünglich aus drei Wohnbaracken und einer Wasch- und Klobaracke. Die hier internierten 144 Zwangsarbeiter mussten bei CHF-Müller/Röntgenmüller (heute Philips Medizin Systeme) in der Rüstungsproduktion arbeiten. Ihre Schlafstätten in den Baracken waren voller Ungeziefer. Im Winter wurden die Behausungen mangelhaft beheizt. Es herrschten gesundheitsgefährdende hygienische Verhältnisse, ärztliche Versorgung gab es nicht. Bei einem sechstägigen Arbeitsmarathon von zwölf Stunden ohne ausreichende Arbeitskleidung bestand die Nahrung der Zwangsarbeiter aus Rübensuppe.

Kaufmann Emil Bruns wurde nach dem Krieg wegen Misshandlung mehrerer Häftlinge auf seinen Baustellen zu drei Jahren Haft verurteilt. Wie vielen anderen Kriegsgewinnlern auch war es ihm vom Gefängnis aus möglich, sich seinen von Zwangsarbeitern und KZ-Häftlingen erwirtschafteten Gewinn für den Neuanfang in der BRD zu sichern.

Adresse Wilhelm-Raabe-Weg, 22335 Hamburg-Fuhlsbüttel | Öffnungszeiten jeden 1. So in den Monaten April–Nov. 14–17 Uhr; es gibt Sonderführungen anlässlich der alljährlichen »Woche des Gedenkens in Hamburg-Nord« und zum Denkmaltag im September. | ÖPNV S 1, Haltestelle Hamburg Airport | Tipp Der Hamburg Airport bietet eine Führung mit der Flughafenfeuerwehr und die berühmte Modellschau.

1

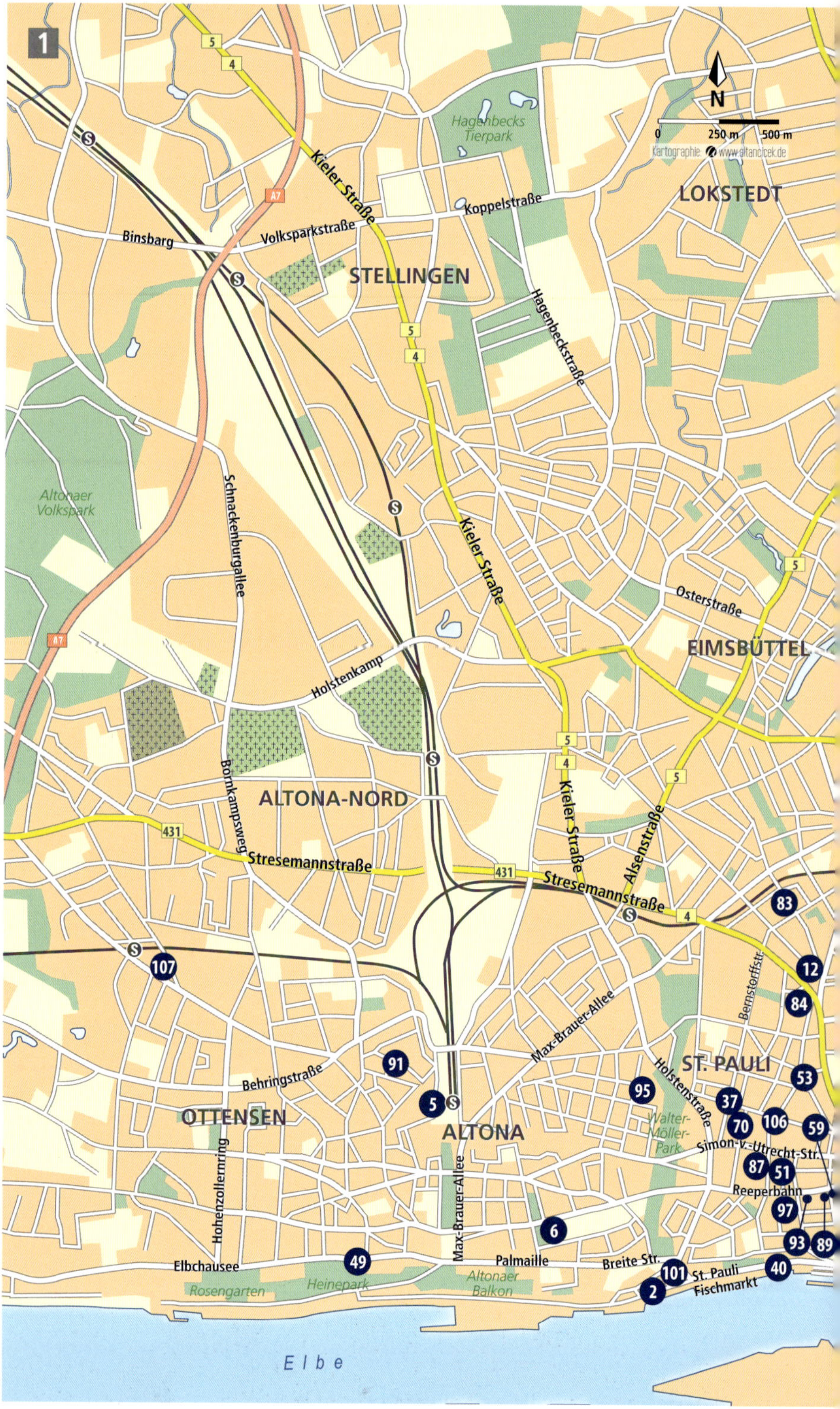

N
0
250 m
500 m
Kartographie: www.altancicek.de
Hagenbecks Tierpark
LOKSTEDT
Kieler Straße
Koppelstraße
Volksparkstraße
Binsbarg
A7
STELLINGEN
Hagenbeckstraße
Altonaer Volkspark
Schnackenburgallee
Osterstraße
EIMSBÜTTEL
Holstenkamp
ALTONA-NORD
Bornkampsweg
Alsenstraße
Stresemannstraße
431
Bernstorffstr.
Max-Brauer-Allee
ST. PAULI
Holstenstraße
Behringstraße
OTTENSEN
ALTONA
Walter-Möller-Park
Simon-v.-Utrecht-Str.
Reeperbahn
Hohenzollernring
Elbchausee
Palmaille
Breite Str.
St. Pauli Fischmarkt
Rosengarten
Heinepark
Altonaer Balkon
Elbe

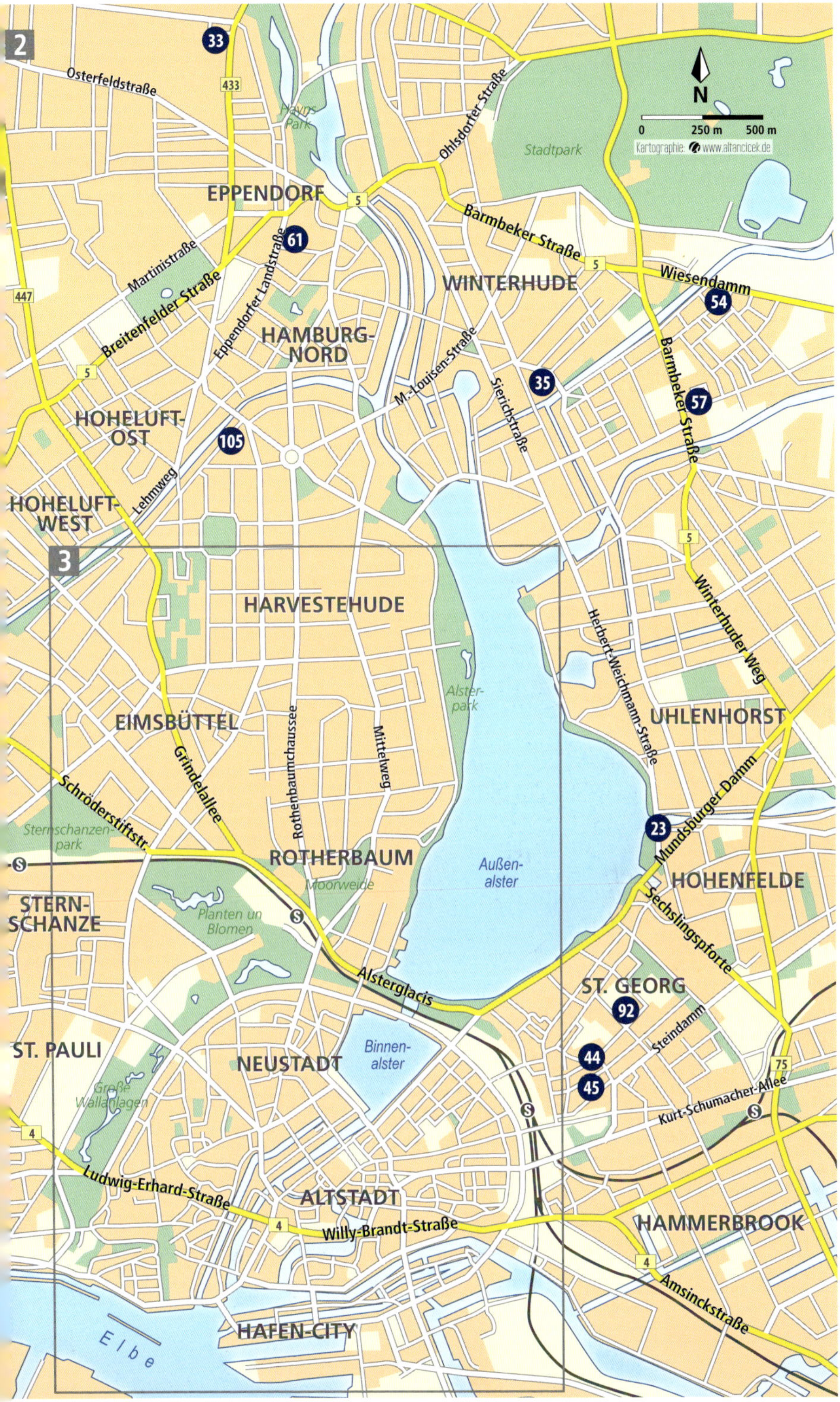

2
3
N
0 250 m 500 m
Kartographie: www.altancicek.de
EPPENDORF
WINTERHUDE
HAMBURG-NORD
HOHELUFT-OST
HOHELUFT-WEST
HARVESTEHUDE
EIMSBÜTTEL
UHLENHORST
ROTHERBAUM
HOHENFELDE
STERN-SCHANZE
ST. GEORG
ST. PAULI
NEUSTADT
ALTSTADT
HAMMERBROOK
HAFEN-CITY
Osterfeldstraße
Ohlsdorfer Straße
Stadtpark
Hayns Park
Barmbeker Straße
Wiesendamm
Martinistraße
Breitenfelder Straße
Eppendorfer Landstraße
M.-Louisen-Straße
Sierichstraße
Lehmweg
Herbert-Weichmann-Straße
Winterhuder Weg
Alster-park
Rothenbaumchaussee
Mittelweg
Grindelallee
Schröderstiftstr.
Sternschanzen-park
Mundsburger Damm
Außen-alster
Moorweide
Sechslingspforte
Planten un Blomen
Alsterglacis
Binnen-alster
Steindamm
Große Wallanlagen
Kurt-Schumacher-Allee
Ludwig-Erhard-Straße
Willy-Brandt-Straße
Amsinckstraße
Elbe
33
61
54
35
57
105
23
92
44
45
433
447
5
4
75

3
N
0
150 m
300 m
Kartographie: www.altancicek.de
HARVESTEHUDE
EIMSBÜTTEL
ROTHERBAUM
STERN-
SCHANZE
ST. PAULI
NEUSTADT
ALTSTADT
HAFEN-CITY
Hallerstraße
Alsterchaussee
Grindelhof
Beim Schlump
Rothenbaumchaussee
Mittelweg
Alte Rabenstraße
Bundesstraße
Grindelallee
Schröderstiftstr.
Rentzelstraße
Sternschanzen-
park
Alster-
park
Außen-
alster
Moorweide
Planten un
Blomen
Karolinenstraße
Dammtorstraße
Alsterglacis
Holstenglacis
Gorch-Fock-Wall
Lombardsbrücke
Binnen-
alster
Jungfernstieg
Ballindamm
Glockengießerwall
Kaiser-Wilhelm-Straße
Glacischaussee
Große
Wallanlagen
Holstenwall
Große Bleichen
Wexstraße
Stadthaus-
brücke
Bergstr.
Steinstraße
Steintorwall
Ludwig-Erhard-Str.
Domstraße
Brandstwiete
Willy-Brandt-Str.
Dovenfleet
Rödingsmarkt
Bei den
Mühren
Johannis-
bollwerk
Brooktorkai
Am Sandtorkai
Elbe
Überseeallee
58
7
60
20
85
80
21
62
32
13
56
1
34
28
69
14
25
24
22
18
31
108
41
109
71
17
38
81
4
75
16
67

N
0
2,5 km
5 km
Kartographie: www.altancicek.de
Kisdorf
Sülfeld
Alveslohe
Henstedt-Ulzburg
Bilsen
Bargfeld-Stegen
Hemdingen
Ellerau
Rhen
Kayhude
Bevern
SCHLESWIG-HOLSTEIN
Wilstedt
Jersbek
Alster
Ellerhoop
Quickborn
Bilsbek
Pinnau
Duvenstedt
Hasloh
Norderstedt
Kummerfeld
Borstel-Hohenraden
Lottbek
Bergstedt
Ahrensburg
Tangstedt
Appen
Rellingen
Bönningstedt
Langenhorn
Poppenbüttel
Hummelsbüttel
Volksdorf
Pinneberg
Ellerbek
Sasel
Halstenbek
Schnelsen
Waldenau-Datum
Fuhlsbüttel
Ohlsdorf
Eidel-stedt
Groß Borstel
Bramfeld
Schenefeld
Braak
Farmsen-Berne
Stapelfeld
Lurup
Eimsbüttel
Rissen
Rahlstedt
Osdorf
HAMBURG
Uhlenhorst
Stellau
Blankenese
Marienthal
St.Pauli
Rotherbaum
Altona
Billstedt
Glinde
ELBE
Hamm
Oststeinbek
Billbrook
Reinbek
Neuenfelde
Finkenwerder
Süderelbe
HAMBURG
Lohbrügge
Wilhelms-burg
Bergedorf
Neugraben-Fischbek
Harburg
Hausbruch
Marschlande
Neu Wulmstorf
Curslack
Eißendorf
Wils-torf
Marms-torf
Warwisch
Elstorf
Schwiederstorf
Meckelfeld
Harburger Berge
Glüsingen
Hittfeld
Stelle
ELBE
Appel
Nenndorf
Iddensen
Maschen
Tönnhausen
NIEDERSACHSEN
Harmstorf
Winsen
Wenzendorf
Buchholz
Ramelsloh
Ohlendorf
1
2
3

Rüdiger Liedtke
111 Orte auf Mallorca, die man gesehen haben muss
ISBN 978-3-89705-975-7

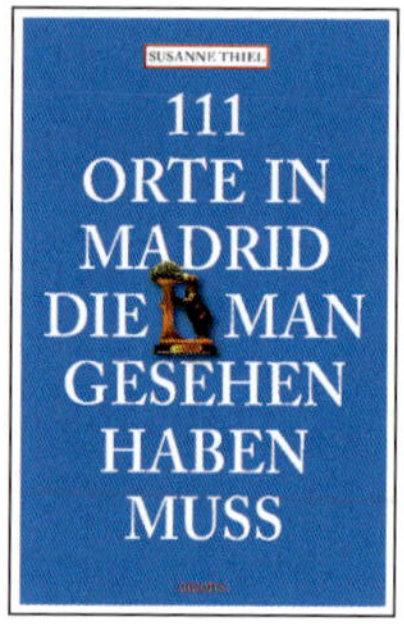

Susanne Thiel
111 Orte in Madrid, die man gesehen haben muss
ISBN 978-3-95451-118-1

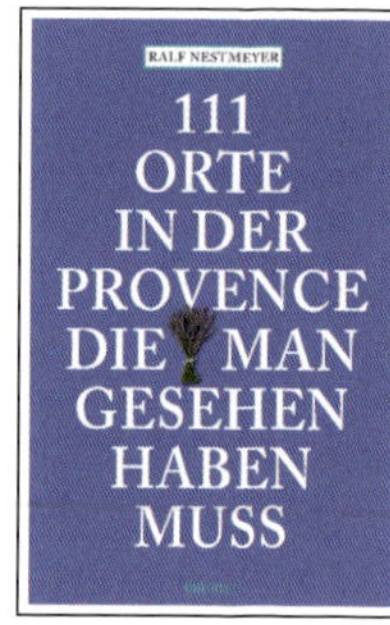

Ralf Nestmeyer
111 Orte in der Provence, die man gesehen haben muss
ISBN 978-3-95451-094-8

Peter Eickhoff
111 Orte in Wien, die man gesehen haben muss
ISBN 978-3-89705-969-6

Stefan Spath
111 Orte in Salzburg, die man gesehen haben muss
ISBN 978-3-95451-114-3

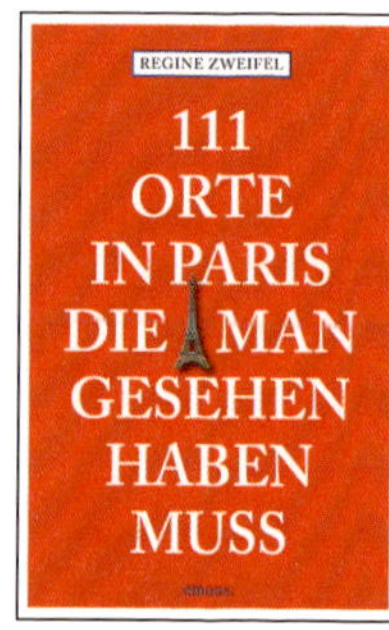

Regine Zweifel
111 Orte in Paris, die man gesehen haben muss
ISBN 978-3-89705-823-1

Dirk Engelhardt
111 in Barcelona, die man gesehen haben muss
ISBN 978-3-95451-066-5

John Sykes
111 Orte in London, die man gesehen haben muss
ISBN 978-3-95451-117-4

Annett Klingner
111 Orte in Rom, die man gesehen haben muss
ISBN 978-3-95451-219-5

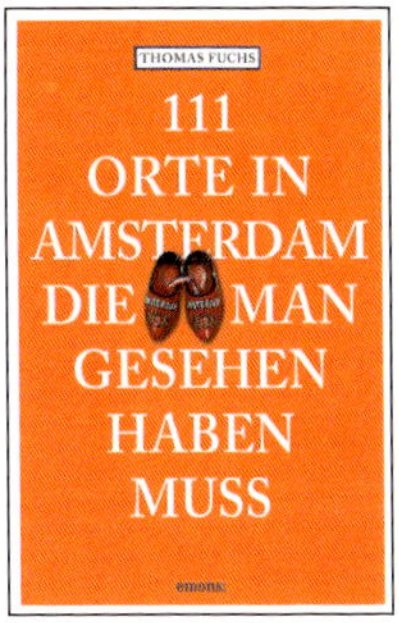

Thomas Fuchs
111 Orte in Amsterdam, die man gesehen haben muss
ISBN 978-3-95451-209-6

Stefan Spath, Gerald Polzer
111 Orte im Salzkammergut, die man gesehen haben muss
ISBN 978-3-95451-231-7

Christiane Bröcker, Babette Schröder
111 Orte in Stockholm, die man gesehen haben muss
ISBN 978-3-95451-203-4

Sabine Gruber, Peter Eickhoff
111 Orte in Südtirol, die man gesehen haben muss
ISBN 978-3-95451-318-5

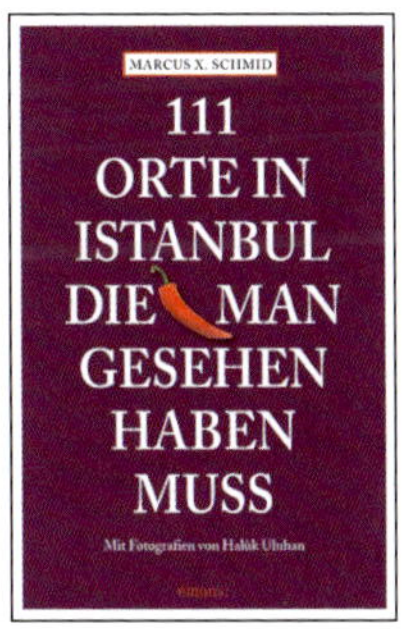

Marcus X. Schmid
111 Orte in Istanbul, die man gesehen haben muss
ISBN 978-3-95451-333-8

Gerd Wolfgang Sievers
111 Orte in Venedig, die man gesehen haben muss
ISBN 978-3-95451-352-9

Petra Sophia Zimmermann
111 Orte am Gardasee und in Verona, die man gesehen haben muss
ISBN 978-3-95451-344-4

Eckhard Heck
111 Orte in Maastricht, die man gesehen haben muss
ISBN 978-3-95451-368-0

Gerd Wolfgang Sievers
111 Orte im Burgenland, die man gesehen haben muss
ISBN 978-3-95451-229-4

Lucia Jay von Seldeneck, Carolin Huder, Verena Eidel
111 Orte in Berlin, die man gesehen haben muss
ISBN 978-3-89705-853-8

Peter Eickhoff
111 Düsseldorfer Orte, die man gesehen haben muss
ISBN 978-3-89705-699-2

Bernd Imgrund
111 Kölner Orte, die man gesehen haben muss
Band 1
ISBN 978-3-89705-618-3

Rike Wolf
111 Orte in Hamburg, die man gesehen haben muss
ISBN 978-3-95451-916-0

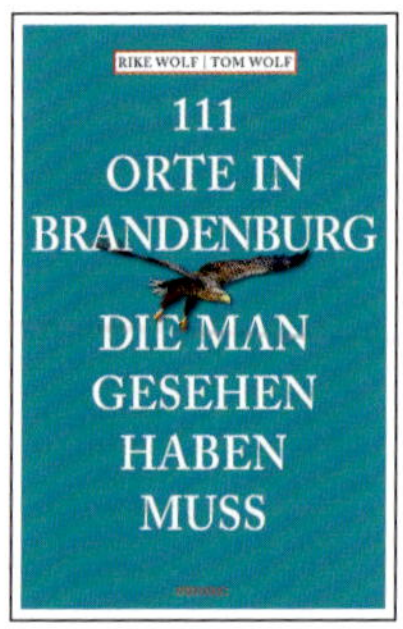

Rike Wolf, Tom Wolf
111 Orte in Brandenburg, die man gesehen haben muss
ISBN 978-3-95451-235-5

Rike Wolf, Tom Wolf
111 Orte in Frankfurt, die man gesehen haben muss
ISBN 978-3-95451-342-0

Ulf Annel
111 Orte in Erfurt, die man gesehen haben muss
ISBN 978-3-95451-022-1

Oliver Schröter
111 Orte in Sachsen, die man gesehen haben muss
ISBN 978-3-95451-021-4

Reiner Vogel
111 Orte in Regensburg, die man gesehen haben muss
ISBN 978-3-95451-054-2

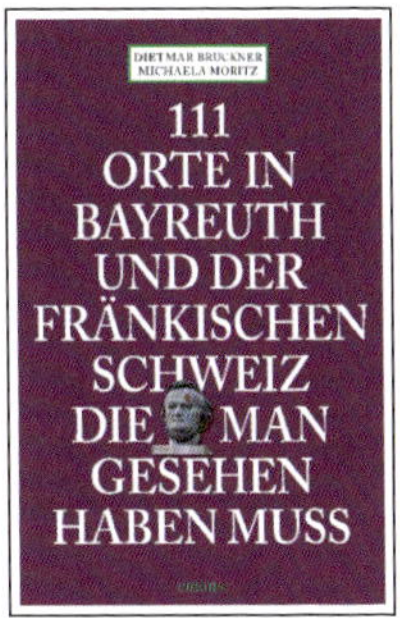

Dietmar Bruckner und Michaela Moritz
111 Orte in Bayreuth und der Fränkischen Schweiz, die man gesehen haben muss
ISBN 978-3-95451-130-3

Christina Kuhn und Christian Löhden
111 Orte in der Pfalz, die man gesehen haben muss
ISBN 978-3-95451-085-6

Monika Salchert
111 Museen in NRW, die man gesehen haben muss
ISBN 978-3-95451-107-5

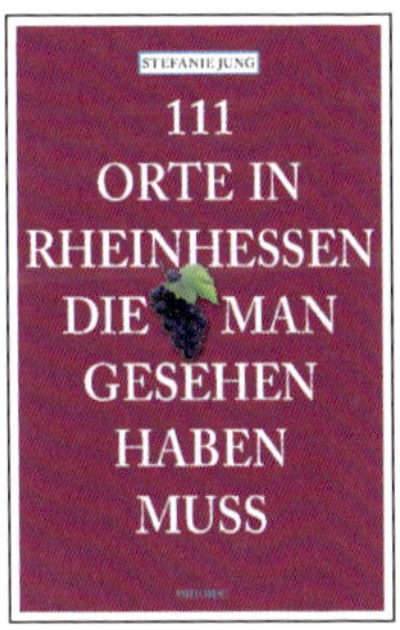

Stefanie Jung
111 Orte in Rheinhessen, die man gesehen haben muss
ISBN 978-3-95451-082-5

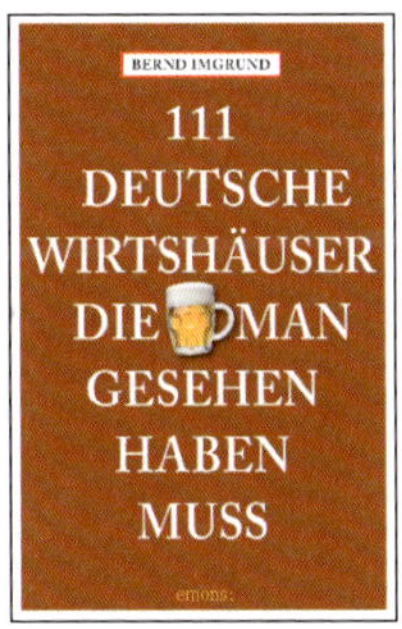

Bernd Imgrund
111 deutsche Wirtshäuser, die man gesehen haben muss
ISBN 978-3-95451-080-1

Cornelia Kuhnert
111 Orte in Hannover, die man gesehen haben muss
ISBN 978-3-95451-086-3

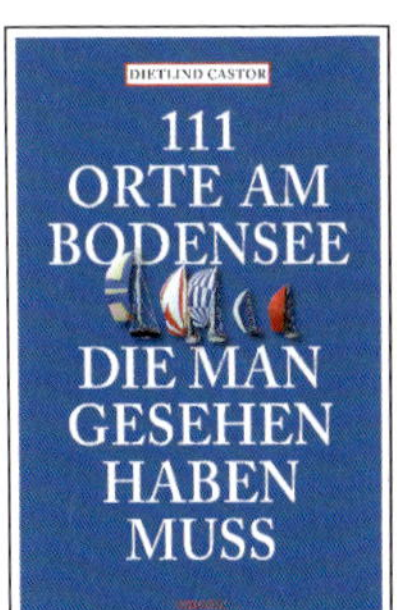

Dietlind Castor
111 Orte am Bodensee, die man gesehen haben muss
ISBN 978-3-95451-063-4

Ralf Koss und Stefanie Kuhne
111 Orte im Bergischen Land, die man gesehen haben muss
ISBN 978-3-95451-027-6

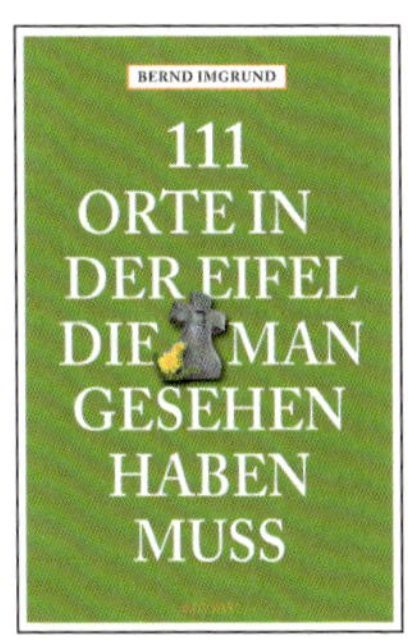

Bernd Imgrund
111 Orte in der Eifel, die man gesehen haben muss
ISBN 978-3-95451-003-0

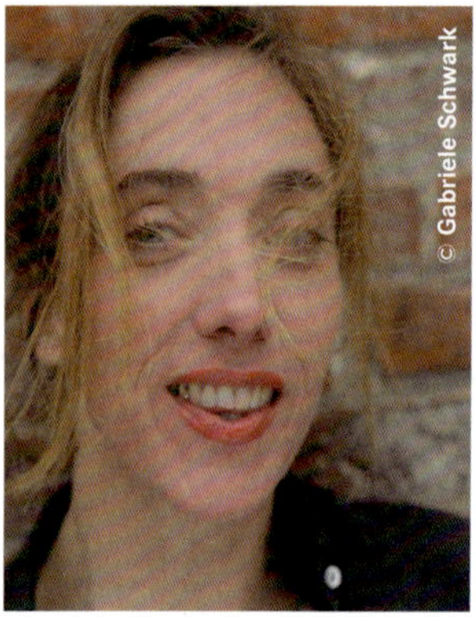

Die Autorin

Rike Wolf, 1980 in Hamburg geboren, studierte Literatur- und Filmwissenschaften. Sie arbeitet als Autorin, Journalistin und Lektorin und hat an verschiedenen Drehbüchern mitgewirkt.
www.rikewolf.jimdo.com